Für Dich.
Magierin des Lebens.

Und für Dich, Jacob. Dass Du ein Mann wirst.
Und dass Du dann die Kraft und den Mut hast,
Deine Träume in Wirklichkeit umzuschmieden.
Verliere das Vertrauen nie.

Für alle, die zu diesem Projekt beigetragen haben.

Der Weg ist der Sinn

Die Wiederentdeckung der Bernsteinstrasse

Zu Fuss von Venedig nach Sankt Petersburg

Impressum

Texte und Fotos: Markus Zohner, Lugano

Grafik: www.rapgraphics.ch, Bern

Umschlaggestaltung: Patricia Mengis, Bern

Karten und Lithografie: Uele Hartmann, Bern

Lektorat: Klaus Weimann, Seeheim-Jugenheim

Druck und Bindung: Wilko, Amersfoort

ISBN: 978-8-890456-09-1

Der Weg ist der Sinn

Die Wiederentdeckung der Bernsteinstrasse

Zu Fuss von Venedig nach Sankt Petersburg

Eine 4.000 km lange Wanderung durch zwölf Länder im Herzen Europas.

Markus Zohner

Inhalt

Vor ein paar Jahren fand ich mich in Isfahan wieder, in einer Welt, die so vollkommen anders war als unsere, dass es Momente gab, in denen ich meinte zu träumen. Die Moscheen, der Markt, die Cafés, die Geschäfte und Händler schienen der Phantasie eines fremden Menschen entsprungen zu sein, der sich an verschwundene Welten erinnert. Ich befand mich in einer anderen Zeit, in einer anderen Wirklichkeit, in einem anderen Leben.
Isfahan war eine Stadt der Träume meiner Kindheit gewesen, deren Grund ein Buch gelegt hatte, das mir mein Onkel Horst nach Rückkehr von einer seiner Reisen geschenkt hatte: "Mit dem Fahrrad nach Kalkutta". Später war Isfahan immer wieder in den Schilderungen großer Reisender aufgetaucht wie eine Perle, die Taucher aus den Tiefen des Meeres heraufbringen, glänzend, fremd, und von bezaubernder Schönheit.
Ich war mit dem Flugzeug aus Teheran gekommen, war durch die Moscheen gewandelt, über den Markt gestreift, und als ich jetzt in einem Café saß, wo mir gegenüber ein junges Paar – es war die 'Familienabteilung' des Lokals – bei Wasserpfeife turtelte und sich gegenseitig Zuckerstückchen in die kleinen Teegläser klingeln ließ, merkte ich, dass mir etwas entscheidendes fehlte: Der Weg hierher. Hier zu sein war, ja, magisch, faszinierend, tief beeindruckend. Doch ich war nicht hierher geKOMMEN. Natürlich ging es darum, Isfahan zu sehen, zu erleben. Aber ich realisierte, wie entscheidend der Weg zu einem Ziel ist, und wie sehr er mir fehlte, und dass das faszinierende in den großen Reisebeschreibungen in Wirklichkeit in der Reise selbst, im Weg, in dem lag, was zwischen Abreise und Ankunft geschah.
Dass es nicht darum ging, die Orte der Träume zu sehen, sondern darum, wie dorthingelangen. Indem ich nach Isfahan geflogen war, hatte ich mir das Wertvollste genommen.
Ich bestellte noch einen Tee, und schrieb folgenden Text auf ein paar Servietten:
Alle Welt ist mobil, aber zu reisen verstehen wir nicht mehr. Was uns als Reisen verkauft wird, ist in Wirklichkeit das Gegenteil: So bequem wie möglich soll es sein, und so schnell wie nur irgend zulässig muss es gehen. Die Autos werden größer, blenden die Welt aus, so gut es geht, Head-up Displays, die eine elektronisch aufbereitete Landschaft auf die Windschutzscheibe spiegeln, ersetzen gar den Blick des Fahrers auf die wirkliche Umgebung, durch die er sich bewegt. In Wohnmobilen bringen wir unseren eigenen Fernseher mit in die Fremde, am wohlsten fühlen wir uns, wenn es woanders aussieht wie daheim, und wenn wir am Abend dasselbe Bier in der Kneipe kriegen wie zu Hause.
Am liebsten würden wir unsere eigene Welt mitnehmen, oder in der Fremde rekonstruieren, wie jene reiche Schweizerin, die drei Häuser besaß: Eines in der Schweiz, eines in Afrika und eines in Asien. Da es sie beim Reisen am meisten gestörte hatte, sich immer wieder umge-

Vorwort

wöhnen zu müssen, beschloss sie, sich auf den drei Kontinenten drei identische Häuser zu bauen. Identisch im Grundriss, in der Ausrichtung zur Sonne. Identisch in der Einrichtung, in den Bettbezügen. Dieselben Bilder hingen an den Wänden, sogar dieselben Handtücher lagen in den identischen Kommoden am gleichen Platz.

In Hochgeschwindigkeitszügen zittert bei Tempo 200 kaum der Kaffee in der Tasse, und in den Flugzeugen können wir die Geschwindigkeit, mit der wir durch Raum und Zeit rasen, überhaupt nicht mehr begreifen, und überstehen diese Un-Reise am Himmel am liebsten im Schlaf, um nicht von ihr aufgefressen zu werden.

Je mobiler wir werden, desto weniger reisen wir. Je mehr wir die Welt durchhasten, desto mehr entzieht sie sich uns. Das Schnelle, das Zielstrebige, das Gerade ist in Wirklichkeit eine Verweigerung des Lebens. Die Welt entgeht uns, und mit ihr das Leben.

Geht es Dir gut? Nein, es fährt mir gut, es fliegt mir gut, es sitzt mir gut!

Seit er mir in Isfahan wieder bewusst geworden ist, hat mich der Traum vom 'richtigen' Reisen nicht mehr losgelassen, und die Wanderung von Venedig nach Sankt Petersburg war, neben vielen anderen, auch eine Suche nach der 'Reise an sich', nach der Wichtigkeit des Weges. Zu Fuß zu gehen, und auf alle Verfälschungen, alle Beliebigkeiten auf diesem Weg zu verzichten, war eine Konsequenz.

Vom Stehen zum Gehen ist es eine Welt, das Gehen ist vom Stehen einen Wimpernschlag entfernt. Zwischen den beiden liegt ein Geheimnis.

Das ganze Sein des Menschen liegt in diesem Schritt-nach-Schritt-Setzen, wobei jeder Schritt die Welt neu erschafft. Sie verändert. Ihr hilft, sich um sich selbst zu drehen, und ihr den Schwung gibt, um die Sonne zu kreisen. Tag Nacht werden lässt. Den Sommer auf den Frühling folgen lässt und den Winter auf den Herbst. Es ist eine Illusion zu glauben, die Nacht käme auch ohne unser Zutun, oder der Winter. Vielleicht kommt er ja tatsächlich. Aber nicht zu uns. Wer geht, hat seine größten Feinde schon besiegt.

"Haben Sie keine Angst dort draußen?" "Angst wovor? Zu leben? Will ich vor dem Computer verblöden, das Hirn voller Schrott, die Seele vertrocknet, mit unnützem Zeug um mich herum und unnötigem Geld auf dem Konto? DAVOR habe ich Angst."

Gehen ist Fortbewegung. Ist Meditation. Ist das Gleichgewicht Verlieren und Sich-wieder - Auffangen. Ist Taumeln. Ist Sehen, Riechen, Spüren. Ist Entdecken, ist Erinnern und Vergessen. Ist Lernen und ist Atmen. Ist Schwitzen. Ist Angst Haben und froh Sein, etwas zu Essen zu bekommen. Ist Frieren, ist Stolpern. Ist Anhalten.

Und, das Unglaublichste: Gehen ist Ankommen.

Warum?

Die Idee zu dieser Reise entstand, wie meist bei derartigen Unternehmungen, aus einem Traum. Allein, aus eigener Kraft und nur für sich selbst verantwortlich, weit zu gehen. Oft werde ich gefragt: "Warum haben Sie das gemacht?", oder: "Was war der wirkliche Grund Ihres Aufbruchs?" Wenn ich ganz ehrlich sein soll, weiß ich es nicht. Außer, dass es eben diesen Traum gab, der immer klarer und präsenter geworden ist, und der, je mehr ich mich mit den einzelnen Ländern, mit der Bernsteinstraße und ihrer Geschichte beschäftigt habe, immer konkretere Formen angenommen hat. Eineinhalb Jahre vor Aufbruch habe ich begonnen, diese Träume ernster zu nehmen und ihnen Umrisse zu geben.

Einleitung

Ich bin durch meine Theatertätigkeit so gut wie immer auf Reisen: Auf Tournée mit meiner Compagnie oder für Inszenierungen an Theatern irgendwo in Europa. Immer wieder aber ist der Gedanke aufgeblitzt, für längere Zeit allein zu gehen. Das Wort "wandern" wäre hier wohl besser geeignet, aber ich scheue mich immer wieder, es zu benutzen. "Wandern" verbindet sich in mir ständig mit Kniebundhosen aus grünem Cord und einer inneren Aktivität, die ich nicht meine. Auch mit Kameradschaft und mit alten Ehepaaren, die Hüte auf dem Kopf haben und schon lange nicht mehr miteinander sprechen.

Schon während der letzten Südamerikatournée unserer Truppe vor ein paar Jahren sind Träume aufgetaucht, ich glaube, das geht jedem Reisenden so, wenn er diese Landschaften dort sieht, zu Fuß, vielleicht mit einem Maultier, die Anden zu überqueren. Oder etwas später dann die Idee, von zu Hause aufzubrechen und in Richtung Zentralasien zu gehen. Diese Träume haben sich immer wieder verflüchtigt durch das andere Reisen, das Theater, und durch alles, was dazugehört. Doch dann, ich hatte nachts wieder einmal einen großen Weltatlas vor mir, wusste ich, dass es bei dieser großen Reise, die sich am Horizont abzeichnete, um Europa gehen müsse. Natürlich, ferne Länder haben ihre exotischen Reize, aber das waren in Wirklichkeit nur Luftspiegelungen, die mit meiner Sache wenig zu tun hatten. Ich musste - diesmal noch - nicht in die Mongolei wandern. Immer mehr konzentrierte ich mich bei meinen nächtlichen Traumexpeditionen über die Landkarten auf Europa, und dann immer mehr auf den für mich faszinierendsten Teil des Kontinents - sodass ich irgendwann zwangsläufig auf die Bernsteinstraße stieß. Sie verläuft praktisch genau durch die Länder und Gegenden, die mich besonders interessierten.

Unsere Theatergruppe war 1992 die erste ausländische Compagnie, die nach dem Zusammenbruch der Sowjetunion in Estland gastierte. Es war im Winter, es war eiskalt, und keine Heizung lief, weil Russland die Erdöllieferungen eingestellt hatte. Alte Frauen verkauften Eiskrem auf den Straßen, die Menschen saßen in dicken Mänteln in den überfüllten Theatern in Tallinn, Tartu und Viljandi. Nur wenig später dann Auftritte in Litauen, in Lettland, und über mehrere Jahre Regien und Theaterprojekte dort, dann wieder Auftritte und Inszenierungen in Estland, bis zum "Menschenfeind" im vergangenen Jahr. Die Entwicklung dieser Länder, der Städte, der Menschen über die Jahre hinweg mitzuerleben war faszinierend, und so ließ mich jetzt der Plan nicht mehr los, zwanzig Jahre nach dem Fall des Eisernen Vorhangs ein Europa zu entdecken, das immer noch fremd, unbekannt und fern von unserer Wirklichkeit nebenan liegt.

Warum?

Noch nie war ich durch ein Land hindurchgewandert. Hatte auch nie gedacht, dass so etwas möglich sei. Ich war, in Wirklichkeit, noch nie in meinem Leben länger als einen Tag gewandert, und auch das nur sehr selten.
Eine Frage beschäftigt mich schon seit langem: Was ist ein Mensch? Was macht einen Menschen aus? Natürlich, theoretisch ist das schnell zu beantworten: Bewusstsein, Phantasie, Logik, Träume, und so weiter. Aber: Warum leben wir, wie wir leben? Was brauchen wir wirklich zum Leben? Wofür arbeiten die meisten Menschen? Worauf hoffen sie, wonach streben sie? Brauchen sie das Geld, das sie erarbeiten, wirklich alles? Oder umgekehrt: Arbeiten wir in Wirklichkeit nicht für die Dinge? Warum sind wir so sehr auf Besitz aus, warum umgeben wir uns mit allen möglichen Sachen, warum brauchen wir so viel Zeug, Geld, Ansehen? Die Antworten scheinen einfach zu sein, aber wenn man diese Fragen ernsthaft stellt und alles, was man nicht tragen kann, zurücklässt, erfährt man viel über sein Dasein, über Besitz und über die Freiheit, die er einem raubt.
Häufig haben Menschen, denen ich begegnet bin, gesagt: "So etwas würde ich auch gerne machen!" Auf meine Rückfrage, wo das Problem sei, gehen könne ja so gut wie jeder, kamen tausend Antworten. Die Familie, die Arbeit, das Haus, der Betrieb, das Alter, und was nicht alles. Und so manches Mal habe ich mich dann gefragt, ob wir nicht arbeiten, Häuser kaufen und Lebensversicherungen abbezahlen, damit wir unsere Träume nicht verwirklichen müssen.
Als ich die Entscheidung für die Bernsteinstraße getroffen hatte, begann die konkrete Planung. Zeiträume mussten festgelegt und freigehalten werden, die gesamte Planung für meine Theatergruppe musste angepasst werden, sodass sie auch ohne mich weiterarbeiten konnte. Dann habe ich Herrn Richard Resch kontaktiert, einen anerkannten Spezialisten für die Bernsteinstraße, und konnte mit ihm und in Zusammenarbeit mit dem "Verein Österreichische Bernsteinstraße" den Routenverlauf weiter eruieren, festlegen und Kontakte mit Wissenschaftlern und Organisationen entlang der Straße in den verschiedenen Ländern aufnehmen.
Zunächst war es wirklich als rein persönliches Projekt geplant, vor allem auch, da ich gerade aus den großen Projektrealisierungen mit meiner Theatergruppe für eine Weile aussteigen wollte. Aber es stellte sich heraus, dass von vielen Seiten unerwartet großes Interesse an der Reise bestand; und ohne dass wir uns weiter darum gekümmert hätten, hat sich die Zusammenarbeit mit verschiedensten Medienpartnern in der Schweiz und in Österreich ergeben – manches erst kurz vor der Abreise.

Dann natürlich die Materialauswahl, die durch meine Körpergröße von über zwei Metern nicht so einfach war: Ein guter, leichter Rucksack musste gefunden werden, der mir passte, ebenso Bekleidung. Bei Schuhen war die Auswahl bescheiden, in Schuhgröße zweiundfünfzig gibt es nicht so viele Modelle. So fiel die Entscheidung leicht...
Klar war, dass ich um jeden Preis Gewicht sparen musste. Was die Kleidung betrifft, hat man nur drei Möglichkeiten. Entweder man schleppt oder man wäscht. Ich habe mich fürs Waschen entschieden und daher nur eine einzige Garnitur mitgenommen. Die dritte Möglichkeit? Man stinkt.
Gewichts-Luxus habe ich mir in der Fotografie erlaubt. Einen großen Teil der Bilder wollte ich analog aufnehmen, daher mussten Filme mit. Eine ausgefeilte Logistik war unabdingbar, denn weder konnte ich alle Filme für die Reise mitschleppen, noch davon ausgehen, unterwegs das Material zu finden, das ich brauchte.
Dann natürlich: Training, Impfungen, Sammeln von Informationen. Testläufe für Kommunikation, Kameras, Material, Logistik.

Ich war nicht allein. Auch wenn ich allein gewandert bin, waren da Menschen, die mich, backstage sozusagen, unterstützt und aus der Ferne sehr tatkräftig begleitet haben.

Ja, Menschen. Die wohl wichtigste Erkenntnis dieser Reise: Wie notwendig brauchen wir die anderen Menschen. Für die Durchführung eines solchen Projekts, aber auch unterwegs.
Je mehr man sich von Ballast befreit, je nackter man ist, je ungeschützter, desto mehr ist man auf die Freundlichkeit und auch die Hilfe anderer Menschen angewiesen.

Ja, ich war nicht allein. Ein Team hinter den Kulissen hat geholfen, aber auch eine Welt voller hilfsbereiter, freundlicher und im besten Sinne neugieriger Menschen hat mich aufgenommen.
Ich hatte mich in den Bergen vor Štramberk in Mähren kurz vor Einbruch der Dunkelheit im Tiefschnee verlaufen. Endlich ein sichtbarer Weg. Ein Hund, bald darauf sein Herr. "Ist das die Richtung nach Stramberk?" "Ja. Gehen wir zusammen!"

Die Bernsteinstrasse – Weg durch die Jahrtausende

Bernstein

In seinen "Metamorphosen" beschreibt Ovid das "Gold" aus dem damals fernen Norden Europas in der Szene von Phaetons Ende: Phaeton, Sohn des Sonnengottes Helion, verliert bei einem Ausritt die Kontrolle über den Sonnenwagen und bringt die Himmelsordnung durcheinander. Zeus schleudert einen Blitz nach ihm, und Phaeton stürzt in den Fluss Eridanos. Die Tränen seiner Schwestern, der Heliaden, verwandeln sich in Bernstein.

Tatsächlich ist die goldgelbe harte Substanz kein Mineral oder "Stein", sondern vierzig bis fünfzig Millionen Jahre altes fossiles Harz, das von den damals weit verbreiteten Kiefernwäldern im Norden Europas, insbesondere von der damals dort reichlich vorkommenden Goldlärche ausgeschieden wurde, versteinerte, und in jüngerer Zeit im Laufe der Jahrtausende durch die Ostsee angespült wurde. Das Wort Bernstein kommt aus dem Mittelniederdeutschen, wo das Wort "börnesteen" die Brennbarkeit des "Steines" bezeichnet.

Bernstein kommt im östlichen Mitteleuropa, in Mähren, Rumänien und in der Ukraine vor, auch in der Schweiz, in Österreich, Frankreich und Spanien wurde Bernstein gefunden.
In Afrika, vor allem auf Madagaskar, kommt Kopal vor, er ist aber mit 1.000-100.000 Jahren um ein Vielfaches jünger als der baltische Bernstein. Der in der dominikanischen Republik 40 Millionen Jahre alte besonders klare Bernstein ist aus dem Laubbaum Algarrobo entstanden. Auch in Asien gibt es Bernsteinvorkommen, besonders im vorderen Orient und in Myanmar.
Der baltische Bernstein, der an den Küsten der Ost- und Nordsee gefunden und in der so genannten "Blauen Erde" in Yantarny/Kaliningrad auch abgebaut wird, zeigt weltweit die größten Bernsteinvorkommen in gleichbleibender Qualität und eignet sich besonders gut zur Schmuckherstellung.
In Yantarny wird noch heute ein Großteil der Weltproduktion gefördert.

Etwa jedes 500. Bernsteinstück hat einen Einschluss, eine so genannte Inkluse. Blätter, Pflanzenteile, Pilze, Insekten, Haare von Säugetieren oder auch, wie im Bernsteinmuseum

in Danzig zu sehen, kleine Eidechsen, sind vom austretenden Harz umschlossen worden und öffnen uns heute ein Fenster in die botanische und zoologische Vergangenheit.
Schon immer wurde Bernstein zu Schmuck verarbeitet und als solcher getragen, er galt in allen bedeutenden Dynastien und zu allen Zeiten als Zeichen von Luxus und Macht. Auch Heil- und Schutzkräfte wurden ihm zugeschrieben.
Bereits in der Jungsteinzeit wurde er bearbeitet und verziert, und um 10.000 vor Christus in Nordfriesland zu Anhängern und Perlen verarbeitet. Bei Ingolstadt wurde in einem 3.000 Jahre alten Urnengrab eine Halskette aus etwa 3.000 Bernsteinperlen gefunden, die damals einen unvorstellbaren Wert gehabt haben muss.
In der Eisenzeit war Bernstein ein von zahlreichen Völkern begehrtes Gut: Phönizier, Griechen, Skythen, Ägypter, Balten und Slawen kauften, tauschten, bearbeiteten und verehrten die "Tränen der Götter".
Funde von Bernsteinperlen, Spinnwirteln, Spielbrettfiguren und Würfeln bezeugen die Begehrtheit des Bernsteins auch zu Zeiten der Wikinger.

Seit alter Zeit wird Bernstein als Heilmittel eingesetzt. Plinius der Ältere (23-79) schreibt in seiner "Naturalis historia", dass auf der Haut getragene Bernsteinamulette vor Fieber schützen. Auch magische Kräfte wurden ihm zugeschrieben. So soll er zum Beispiel Frauen zum Gestehen schlechter Taten bringen, wenn er ihnen nachts auf die Brust gelegt wird. Noch heute geben Mütter ihren Säuglingen Bernstein als Zahnungshilfe.

Geschichte Bernsteinstrasse

Zermahlener Bernstein wurde innerlich gegen verschiedene Krankheiten eingesetzt, so unter anderem bei Nieren-, Gallen- und Leberkrankheiten, bei Problemen im Magenbereich und des Verdauungssystems. Daneben nutzte man ihn als Räuchermittel. Ab dem 19. Jahrhundert wurde das aus Bernstein gewonnene Bernsteinöl zum Einreiben bei Rheuma verwendet. Als "Heil- und Schutzstein" soll Bernstein Ängste nehmen und Lebensfreude schenken, wenn er lange ohne Unterbrechung auf der Haut getragen wird.

Das Phänomen der statischen Elektrizität beim Reiben von Bernstein mit bestimmten Materialien war bereits Thales von Milet bekannt. Das altgriechische Wort für Bernstein ist ēlektron (ἤλεκτρον), was sich mit "Hellgold" übersetzen lässt. Seine elektrostatischen Eigenschaften machten ihn zum Namensgeber für die Wörter Elektrizität, Elektron und die daraus abgeleiteten.

Die Bernsteinstrasse

Bernstein gab der wichtigsten Nord-Süd Handelsverbindung Europas den Namen. Mehrere Routen verbanden die Ostsee mit dem Mittelmeer.

Der Handel an der Bernsteinstraße begann bereits lange vor den Römern; schon in der Bronzezeit war, wie wir aus Hortfunden wissen, Bernstein neben Salz und Rohmetall eines der begehrtesten Handelsgüter.

Beim heutigen Wrocław (Breslau) entdeckte man einen 3.000 Jahre alten Bernsteinspeicher mit 500 Kilo Bernstein. Im niederösterreichischen Weinviertel fand man sogar Bernsteinperlen aus der Kupferzeit um 2.000 v. Chr.

Die zu römischer Zeit bedeutendste Handelsroute führte vom heutigen Kaliningrad über Danzig nach Carnuntum. Von Carnuntum nach Sopron, Szombathely, Ljubljana und Aquileia fügte sich die Bernsteinstraße als "via publica", eine Reichs- und Poststraße erster Ordnung, in das System der römischen Straßen ein.
Die Zeit der Römer bildete den Höhepunkt des Bernsteinhandels. Schon Plinius berichtete von einer Expedition im Auftrag Neros vom damaligen wichtigen Legionslager Carnuntum an die "Bernsteinküste", auch Tacitus und Plinius der Ältere schrieben über den Bernstein sowie seine Herkunft und seinen Handel. Kaiser Nero soll Bernstein in großen Mengen zu Repräsentationszwecken genutzt haben. Im Rom der Kaiserzeit trieben nicht nur der Kaiser, sondern auch das Volk mit dem Bernstein einen verschwenderischen Luxus. Man trank aus Bernsteingefäßen, Bernstein zierte alles, was von Wert war, und wohlhabende Frauen färbten ihr Haar bernsteinfarben. Plinius der Jüngere soll sich darüber geärgert haben, "dass ein kleines Figürchen aus Bernstein teurer als ein Sklave ist".
Bei der Größe des römischen Reiches und bei der gleichzeitigen Begehrtheit des Materials als Schmuck, Gebrauchsgegenstand, Talisman und Heilmittel, werden die Mengen vorstellbar, die von der Ostsee nach Rom und in die verschiedenen Gebiete und Provinzen des römischen Reiches geschafft werden mussten. In vornehmen antiken Haushalten diente ein größerer Bernstein gar als Kleiderbürste- durch das Gleiten am Stoff lud er sich auf und zog die Staubteilchen an sich.
Die Bernsteinstraße war also eine große europäische Handelsachse, die in ihrer wirtschaftlichen und kulturellen Bedeutung durchaus mit der Seidenstraße und anderen wichtigen Handelsadern der Welt verglichen werden kann.
Carnuntum war einer der wichtigsten Umschlagplätze für Bernstein zwischen dem römischen Imperium und dem Norden. Die Verarbeitung des Bernsteins konzentrierte sich auf Aquileia, von wo aus das gesamte Römische Reich mit dem begehrten Schmuck versorgt wurde.
Nach den Wirren der Völkerwanderungszeit erreichte der Handel zwischen Nord und Süd im Mittelalter wieder einen erneuten Höhepunkt. Der alte Handelsweg führte nun nicht mehr nach Carnuntum, sondern überquerte als Schlesische Straße bei Wien die Donau. Der Deutsche Ritterorden kontrollierte zu dieser Zeit den Bernsteinhandel und bezog einen Großteil seines Reichtums von ihm. Die Marienburg als größte gotische Ordensburg Europas mit einer umfassenden Bernsteinsammlung entstand im 13. Jahrhundert.

Geschichte Bernsteinstrasse

Die europäische Bernsteinstraße durchläuft heute eine Reihe von historischen Städten, Schlössern und Festungsanlagen, aber auch Naturlandschaften, Gartenanlagen und Landschaftsgärten des englischen Stils und des Barock. Eine Reihe dieser europaweit bedeutenden Sehenswürdigkeiten ist als UNESCO Welterbe ausgezeichnet.

Durch die Öffnung der Grenzen zwischen Ost und West und innerhalb der Europäischen Union sind die Länder entlang der Bernsteinstraße näher zueinander gerückt.
Zahlreiche regionale und nationale kulturtouristische Initiativen wie die "Baltische Bernsteinstraße", "Greenways", die "Bernsteinroute Moravien", die "Österreichische Bernsteinstraße", die "Römische Bernsteinstraße Burgenland" oder die "Via Annia" bemühen sich heute, die Natur- und Kulturschätze entlang der Europäischen Bernsteinstraße wieder zu entdecken und zu verknüpfen. Der kulturelle und wirtschaftliche Austausch, die Aufbereitung historischer Grundlagen und die Verknüpfung im Rahmen von Themenstraßen und Radtouren stehen dabei im Vordergrund.
In zahlreichen Museen entlang der Bernsteinstraße kann die Geschichte und Kultur einer der wichtigsten Handelsrouten Europas aus den verschiedenen Länderperspektiven nachverfolgt werden. Das Bernsteinmuseum in Palanga/Litauen ist die größte Bernsteinsammlung der Welt, in international bedeutsamen Museen in Kaliningrad, Danzig, Marienburg oder Aquileia sind Schätze und Kunstwerke aus Bernstein ausgestellt. Die Rekonstruktion des 1716 vom preußischen König Friedrich Wilhelm I. an den russischen Zaren Peter den Großen verschenkten Bernsteinzimmers im Katharinenpalast in Puschkin bei Sankt Petersburg stellt den nördlichen Endpunkt dieses historischen Erbes dar und war Abschluss meiner Reise.
Auch zwei europäische Radrouten verlaufen entlang der historischen Bernsteinstraße und verbinden die Adria mit der Ostsee. Der Eurovelo 9 verläuft von Venedig nach Ljubljana, Wien und Danzig, der Eurovelo 10 verbindet Danzig mit den baltischen Staaten und Sankt Petersburg.
Mit seiner kulturellen Bedeutung und Vielfalt und einer 4.000 km langen Kette von Kunst- und Kulturschätzen stellt die Bernsteinstraße einen Erlebensraum von Weltrang dar. Ihre Entdeckung hat gerade erst begonnen.

MALISAIA

Venezia / Altino / Caposile / Stretti / San Giorgio / Portogruaro / Latisana / Cervignano / Aquileia / San Pier d'Isonzo / Gorizia /

01_Italien

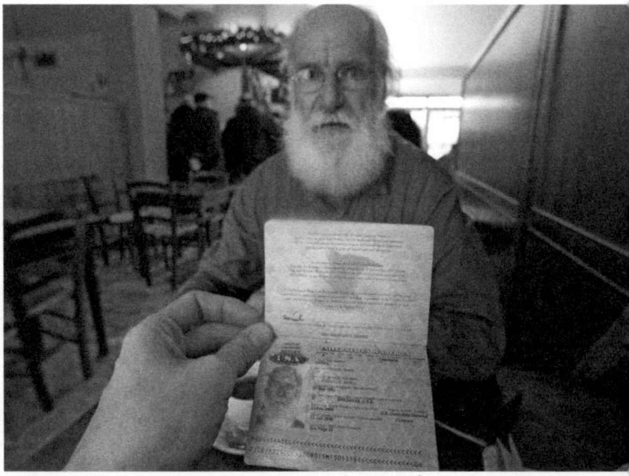

Das Leben ist wie eine Gaunerin, die wir um jeden Preis lieben wollen, und der wir schlussendlich alles gewähren, was sie von uns fordert, unter der Bedingung, dass sie uns nur ja nicht verlässt.

Giacomo Casanova, Meine Flucht aus den Bleikammern

Italien Von Venedig Aufbrechen, war
beginnen. Ich kannte die Stadt gut,
heit der Venezianer war mir vertraut.
gangenheit zu leben", hatte mir ein
mit mir vor einigen Jahren durch die
du als zitternder Greis immer noch
ein fescher Jüngling warst."
Die Unruhe des Aufbruchs hatte mir
und Kirchen zu besuchen. Selbst die
geplant hatte in der Hoffnung, dort
über die Bernsteinstrasse zu finden,
Anspannung der letzten Vorbereitung

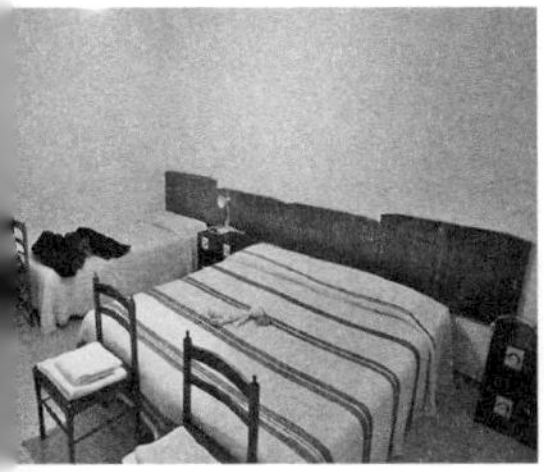

ein bisschen wie mit einem Heimspiel
sprach Italienisch, und die Trocken-
"Italien scheint nur von seiner Ver-
englischer Freund zugeraunt, als er
Stadt schlenderte. "Das ist, als wolltest
Kredit daraus schlagen, dass du einst

diesmal die Musse genommen, Museen
Biblioteca Marciana, die ich fest ein-
noch weitere nützliche Unterlagen
musste der Nervosität weichen, die die
n mit sich brachte.

Jetzt. Einfach. Gehen.
Venedig-Aquileia, 16.-24. Dezember 08

Gehen. Einfach die Zeitung aus der Hand legen, vom Sofa aufstehen, den Mantel überziehen, Frau und Kinder liebevoll, aber wortlos zum Abschied küssen und aus dem Haus gehen. Kurz innehalten vor dem Eintauchen in die Dunkelheit, die kalte Luft einsaugen, die leere Straße hinunter, dann links abbiegen, und einfach weitergehen. Geradeaus. Die eigenen Schritte hören, allein sein, den Rhythmus des Gehens spüren, die Luft, die Nacht.
Gehen.
Nicht weglaufen vor etwas, sich nicht aus einer Welt stehlen, nicht Menschen verlassen oder die Flucht ergreifen. Nein, kein negativer Antrieb. Sondern das Wahrnehmen eines menschlichen, wohl vor allem auch männlichen Urbedürfnisses. Zu gehen. Allein zu sein. Zu entdecken. Zu suchen - nicht unbedingt zu finden! Verantwortung nur für sich selbst zu tragen. Vorwärts zu kommen, allein, aus eigener Kraft.
Aber vor allem: zu gehen.

Seine ersten 15.000 Jahre hat der Homo Sapiens auf Wanderschaft verbracht; erst vor 6.000 Jahren gründete er im Zweistromland die erste Stadt. Für den größten Teil der Menschheit ging die Wanderschaft allerdings noch lange weiter, und erst in den letzten 500 Jahren kristallisierte sich, von Europa ausgehend, die Sesshaftigkeit so stark heraus, wie wir sie heute wahrnehmen: Die Ureinwohner des amerikanischen, des afrikanischen und australischen Kontinents waren bis zu ihrer Kolonialisierung größtenteils Nomaden, ebenso wie die meisten Ureinwohner des Gebietes vom Ural bis nach Kamtschatka und Zentralasiens bis zu ihrer Unterwerfung durch die Russen.
Diese von Europa ausgehenden Kolonialisierungen der vergangenen Jahrhunderte waren immer getrieben von einer schier unstillbaren Gier nach Besitz- und die Worte "Besitz" und "Sesshaftigkeit" haben denselben Wortkern: "sitzen"- im Italienischen heißt besitzen possedere, aus dem Lateinischen potis, Macht und sedere, sitzen: Der Sitzend übt Macht aus.

Es ist also in Wirklichkeit der Besitz, der den Menschen seine ursprüngliche Lebensweise, das Nomadentum, hat aufgeben lassen.
Der Besitz von Vieh, von Waren, aber vor allem schließlich die Chimäre, er könne Land besitzen (eine allen Nomadenvölkern vollkommen fremde Vorstellung) hat dem Menschen sein

Wanderdasein schließlich unmöglich gemacht und ihn veranlasst, sich auf dem niederzulassen, was ihm zu be-sitzen wichtig war: sein Haus, sein Land, seine Wertsachen.
Es ist also der Besitz, dieser in unserem Wertesystem so hohe, unumstößliche, fast heilige Begriff, der uns unserer Freiheit beraubt hat und uns festnagelt an Orte, Dörfer, Städte, Arbeitsstätten – denn der Besitz will nicht nur besessen, er will auch gemehrt sein!
Doch unter all den Schichten von Verantwortung, von Besitz, von all den Gütern, mit denen wir uns umgeben und die in Wirklichkeit nur der Todsünde Faulheit dienen, schlägt noch ein Nomadenherz...
Gehen. Einfach gehen, immer weiter, bis sich die Welt verändert hat und wir uns mit ihr.

Venedig stand unter Wasser. Wilder Regen peitschte um die Häuser, und in regelmäßigen Schüben drückte der Wind das Wasser in die Lagune, bis die Sirenen heulten. Für Stunden war ich in meinem Zimmer, in dem ich meine letzten Reisevorbereitungen vornahm, eingeschlossen, weil die bescheidene Pension in der Nähe der Ca' D'Oro von allen Seiten von halb-

meterhohem Wasser umgeben war. Nächtelange Spaziergänge in einem unbekannten Venedig: Die Handvoll Touristen, die sich tagsüber zwischen Markusplatz und Rialto verloren hatte, lag jetzt in leeren Hotels zwischen klammen Laken. Der Dogenpalast vom Dauerregen auf Hochglanz gespült, ab und zu ein leeres Vaporetto, die Stadt wie das dunkle, kalte Phantasiegebilde eines an Fieber leidenden Malers.
Ich war in diesen Tagen immer wieder in dieselbe Osteria zwischen den Kirchen San Paolo e San Giovanni und San Blasio gegangen – exzellente Küche, aber zugleich bescheidene Einrichtung und freundliche Wirtsleute. Am ersten Tag hatte mir der Wirt noch einen kleinen Tisch im hintersten Eck des Lokals angewiesen, in der Hoffnung, die großen Tische würden alle besetzt – ich blieb den Abend lang der einzige Gast. Die nächsten Tage durfte ich meine Karten und Papiere dann vorne auf dem großen Tisch ausbreiten, und ich bin sicher, die beiden hielten mich, wenn auch vielleicht nicht für gefährlich, sicherlich zumindest für verrückt – erst recht, als ich ihnen von meinem Vorhaben, von Venedig nach Sankt Petersburg zu Fuß zu gehen, erzählte. Das Essen war jedoch weiterhin vorzüglich und reichlich, der Fisch frisch und das Lokal leer, sodass ich allabendlich zum Arbeiten und zum Essen kam.

Doch dann, ich war gerade mit der Goldbrasse fertig und wollte wieder die Landkarte zur Hand nehmen, merkte ich, dass der Moment gekommen war. Solche Momente sind größer als wir selbst und sie kommen, oder sie treten ein, wie der Wirt jetzt, der seine Laterne, die das Aushängeschild seiner Taverne war, in der Hand hielt, und in die Stube trat, und wenn es uns gelingt, sie wahrzunehmen, sagen sie uns die Wahrheit.
Zeit aufzubrechen. Loszugehen. Alles Planen zu vergessen, das Nötigste in einem Sack auf die Schultern zu nehmen und die ersten Schritte zu tun. Die Rechnung zu bezahlen, hinauszutreten in den peitschenden Regen des winterlichen Venedig und nach Sankt Petersburg zu gehen. Jetzt. Einfach. Gehen. Auf den Spuren der alten Bernsteinstraße.

Verlässt man die Lagune, kommt man schon bald nach Altino – einem winzigen Dorf auf dem Boden einer ehemals bedeutenden römischen Stadt mit über 40.000 Einwohnern. Die ersten Spuren menschlicher Besiedlung des Gebietes stammen bereits aus dem 6. Jahrtausend vor Christus, seit dem 1. Jahrtausend v. Chr. war die Gegend fest bewohnt, und im 2. Jahrhundert v. Chr. schließlich entstanden städtische Strukturen, und Altinum kam mit ganz Venetien zu Rom.
Von da an blühte die Stadt auf. Ihr Gedeihen wurde durch ihre Lage begünstigt: am adriati-

schen Meer und am Fluß Natisone, vor allem aber auch am Knotenpunkt der wichtigen römischen Handelsstraßen Via Claudia Augusta (Altino-Augusta Vindelicorum, das heutige Augsburg in Bayern), Via Annia (Aquileia-Adria), Via Popilia (Altino-Adria, die Küste entlang) und Via Postumia (Aquileia-Genua); so gedieh die Stadt fast ein halbes Jahrtausend lang bis zum Niedergang des römischen Reiches und ihre damit einhergehende Zerstörung durch den Hunnenkönig Attila im Jahr 452. Gut hundert Jahre später, 568, fiel sie an die Langobarden, womit ein endgültiger Exodus einsetzte, der zur Gründung von Burano, Murano, Torcello und Venedig durch die Flüchtlinge aus Altino und anderen zerstörten Städten der Region führte.

Der erste Teil meiner Reise sollte mich von Altino auf der Via Annia nach Aquileia führen, und so verabschiedete ich mich frühmorgens herzlich vom Pfarrer Don Gianni, der mich beherbergt und mit dem ich beim Frühstück in groben Zügen eine bessere Welt durch den Verzicht auf Überflüssiges skizziert hatte, und machte mich auf den Weg.

Es hatte aufgeklart, die Sonne stand winterlich schräg, aber wärmend am Himmel, und so ging es frohen Mutes die Lagune entlang. Die Via Annia, 153 v. Chr. durch den Konsul Titus Antonius Rusco erbaut, war eine der bedeutendsten Handels- und Heeresstraßen der Gegend und verband Venetien mit Rom.

Heute ist sie allerdings größtenteils mit der Strada Statale SS 14 identisch, weshalb ich versuchte, ihr parallel auf kleineren Straßen zu folgen – kein leichtes Unterfangen, da die zahllosen Flüsse in Richtung Meer quer zu meiner Marschrichtung lagen und es kaum Brücken für Fußgänger gab. Viele Umwege, aber was machte das? Wichtig war nur, voranzukommen, nicht stehen zu bleiben. Staunende Gesichter auf dem Weg – Italien geht nicht zu Fuß. "Dove vai, giovanotto?" "In Russia!" Offene Münder, Kopfschütteln. Ich habe mir diese Antwort bald abgewöhnt, jetzt rufe ich jeweils das Tagesziel zurück. Immer noch Kopfschütteln.

Nach ein paar Tagen und mit nicht allzu vielen Blasen an den Füßen treffe ich in Concordia Sagittaria, dem römischen Iulia Concordia ein, das 42 v. Chr. rechts des Flusses Lemene gegründet wurde. Iulia Concordia, von dem heute kaum noch etwas zu sehen ist (alle Schätze sind ins archäologische Museum in Portogruaro gewandert), hatte seine Blütezeit in den ersten zwei Jahrhunderten des römischen Reiches. Im 3. Jahrhundert n. Chr. wurde die Stadt zu einem militärischen Stützpunkt gegen die Invasionen der Barbaren ausgebaut, und die Produktion von Pfeilen wurde aufgenommen – daher der Name: Sagitae, Pfeile.

Kurz vor Sonnenuntergang schlüpfe ich in die Ausgrabungen unter der Kirche, um die Reste der 389 erbauten Basilika Apostolorum zu sehen - phantastische Mosaiken auf den Böden, Taufbecken, Fragmente des Altars. Daneben ein Stück der alten Via Annia. Große Steinplatten mit den Einkerbungen römischer Fuhrwerke. Als ich wieder nach oben komme, ist es dunkel. Trotzdem beschließe ich, die vier Kilometer nach Portogruaro zu gehen, um am nächsten Morgen das Archäologische Museum besuchen zu können.
Portogruaro ist eins dieser unzähligen italienischen kleinen Juwele, die sich unerkannt und abseits größerer Touristenströme herausputzen, ihre Vergangenheit erforschen, ihre Schönheit pflegen und den Besucher staunend lächelnd wieder entlassen.

In ein paar Tagen sollte ich Aquileia erreichen, mein erstes großes Etappenziel. Die restlichen Kilometer vor der Pause dort sollten trotz der wunden Füße, der Erschöpfung nach der gestrigen Marathondistanz von knapp 43 Kilometern und dem Nebel, der sich heute über Stadt und Land gelegt hat, machbar sein.
Die Via Annia wäre damit geschafft.
Als Hauptproblem hat sich herausgestellt, Alternativrouten zur Strada Statale SS 14 zu finden. Große Umwege waren zu gehen, wobei diese kleineren Straßen und Wege häufig an einem der zahlreichen Flüsse, Bäche und Kanäle endeten und die nächste Brücke dann wieder mit einer größeren Straße verbunden war.
Zum Glück hatte ich gute Karten - was mich aber nicht davor bewahrt hat, lange Wege doppelt zu gehen.
Zwischen Portegrandi und Caposile musste ich über fünf Kilometer den beschrifteten Fahrradweg entlang der Lagune zurückzugehen, weil eine Überschwemmung ein Stück unter reißendes Wasser gesetzt hatte, um dann dieselben fünf Kilometer auf der parallel verlaufenden Strada Statale nochmals zu wandern - 15 Kilometer für eine Strecke von fünf Kilometern - ein halber Tag.
Ja, Straßenschilder beschreiben Tagesreisen. Triest: 85 Kilometer - drei Tage. Udine: 120 Kilometer - vier Tage. Auf der Strada Statale, wohlgemerkt.
Vorgestern Nachmittag, es war der 22.12., bin ich um 15.30 von Latisana (Friaul) losgelaufen, wohin ich am Vormittag von Portogruaro gekommen war. Ich hatte die Öffnung des Tourismusbüros abgewartet, um an neue Karten zu kommen. Die freundliche Dame hatte mir empfohlen, nach Precennico zu gehen, es gäbe ein Agriturismo dort, und sie hatte mir auch gleich die Nummer aufgeschrieben und die Adresse. Es war spät, und bis Precennico

waren es noch acht Kilometer - ich würde also, auch bei strammem Marsch, bei Dunkelheit eintreffen. Nun, ich hatte ja die Adresse und die Nummer, rief auch einmal an von unterwegs - keine Verbindung. Gegen 17:00 Uhr dann in Precennico. Ja, der Agriturismo wäre bekannt, läge aber noch sieben weitere Kilometer in den Wald hinein, unmöglich zu finden in der Nacht. Keine andere Übernachtungsmöglichkeit im Dorf. Was tun? Ich bin in die einzige Bar gegangen, habe gefragt, und nach langen und lauten Diskussionen aller Anwesenden wurde beschlossen, dass mich Gaetano in eine zwei Kilometer entfernte Pension bringen würde. Gaetano, ein liebenswürdiger, 72jähriger Witwer, der mit Hingabe kocht und mit derselben Hingabe darüber spricht, fuhr also los - er wisse allerdings eine Pension, die nur die Hälfte kostete. Er fuhr, wir sprachen über die Zubereitung von Pilzlasagne, als plötzlich ein Ortsschild vorbeiflog: LATISANA. "Ja, ja, es sind nur ein paar Kilometer mehr, aber dafür zahlst Du nur die Hälfte - ich kenne die Wirtin!". So war ich wieder in Latisana, in einem Augenblick, so schnell, dass ich es kaum bemerkt hatte. Das Zimmer kostete nur 20 Euro, ja, und wir haben dann noch lange zusammengesessen und über das Alleinsein, über Tagliatelle mit Entensoße, die Zubereitung von Salame all'aceto und seine Sammlung von Fotokameras gesprochen, die er nicht mehr angerührt hat seit dem Tod seiner Frau vor zweieinhalb Jahren.
Und so bin ich dann gestern früh die acht Kilometer nach Precennico nochmals gegangen, habe an denselben Baum gepinkelt, dann weiter nach Muzzana del Turgnano, Carlino, und über Porto Nogaro, wo ein freundlicher Totengräber mir den Weg wies nach Torviscosa, und schließlich in die Dunkelheit hinein nach Cervignano del Friuli.
Jetzt auf nach Aquileia!
Ich weiß, wo ich dort Mittagessen gehe - Gaetanos Zettel habe ich in der Tasche.

Neun Tage nach dem Aufbruch in Venedig, treffe ich an Heiligabend in Aquileia ein, meinem ersten großen Etappenziel auf meiner Expeditionsreise auf den Spuren der Bernsteinstraße. Die Sonne steht schon tief, als ich mich der Stadt nähere. Von Weitem grüßt der Glockenturm der Basilika Aquileias, deren erste Züge bereits kurz nach dem Jahr 314 entstanden, als das Edikt von Mailand die Christenverfolgungen beendete und die ersten Kirchen errichtet werden konnten. Dann wurde eine Kirche über die andere gebaut, bis heute eine Basilika mit größtenteils romanisch-gotischen Zügen zu sehen ist, die das mit 750 Quadratmetern größte frühchristliche Mosaik der westlichen Welt enthält. Vorbei geht es am alten römischen Flusshafen mit einer über 300 Meter langen Kaimauer, die am Ufer des hier frü-

her verlaufenden großen Flusses Natisone-Torre lag, am Forum Romanum mit seinen im Jahr 1936 rekonstruierten Säulen, den sichtbaren Teilen der römischen Straße, dem Mausoleum, dem Sepolcreto und schließlich den Überresten römischer Häuser.
Aquileia hatte seine Glanzzeit, zu der es mit Sicherheit über 100.000 Einwohner zählte, während des römischen Reiches. Es war damals die viertgrößte Stadt in Italien und unter den ersten zehn des ganzen Reiches.
Da es geographisch allzu exponiert lag und bei den Reichen jenseits der Alpen Begehrlichkeiten weckte, wurde Aquileia dann jedoch zum Schauplatz zahlreicher Invasionen barbarischer Stämme und Eroberungszüge fremder Heere. Nach seinem Niedergang diente das so gut wie verlassene Aquileia als offener Steinbruch – Marmor, Steinblöcke, Säulen, Kapitelle – alles, was zum Bau von Häusern dienen konnte, wurde weggeschafft und andernorts verwertet – nicht zuletzt für den Aufbau von Venedig.

Mitternachtsmesse an Heiligabend in der Basilika von Aquileia. Das Innere der Kirche, die Wandmalereien, die eineinhalbtausend Jahre alten Mosaiken lassen einen vor Staunen verstummen. Die Schönheit der Welt, der Kunst, des Geistes treten mit einem Moment so klar und deutlich vor mich, dass es mich schwindelt und ich mich setzen muss, während der Priester die Weihnachtsgeschichte erzählt.
Pause in Aquileia. Weihnachtsfeiertage. Sonne, Besuch von Ausgrabungsstätten, dem Archäologischen Museum mit seinen römischen Bernsteinfunden. Exzellentes Essen, Ruhe. Kraft schöpfen für den Weg nach Gorizia und Slowenien. Den Moment erwarten, loszugehen.

Daniel, der ewige Pilger
San Pier d'Isonzo, 27. Dezember

Nach der Pause in Aquileia ging es ausgeruht und frohen Mutes weiter. Das Wetter war weiterhin sonnig, und meine einzige Antwort auf die so häufige besorgte Frage, warum ich meine Reise denn im Winter begänne, war ein Blick zum blauen Himmel und ein Lächeln aus dem inzwischen braungebrannten Gesicht. Aber das sollte sich ändern...
Auf der Etappe kurz vor San Pier d'Isonzo eine Begegnung: Ein großer Mann mit weißem Bart kommt mir entgegen, mit einem langen braunen Mantel, einem großen Wanderstock, die nackten Füße in Sandalen - ein Mönch? Ein Pilger? Ich grüße freundlich, er grüßt zurück, fragt mich, ob ich Englisch spreche, und dann beginnt er auch schon zu erzählen. Ich lade ihn auf ein Glas Tee ein, wir setzen uns in eine Bar und unterhalten uns. Oder besser: Daniel erzählt.

Er sei Amerikaner, habe in Wisconsin gelebt und sei lange Jahre alkoholabhängig gewesen. "Eines Tages, es war im Jahr 1986, war ich so betrunken, dass ich fast gestorben wäre. Als ich so dalag, besinnungslos, habe ich zu meinem Herrn gesagt: 'Wenn Du mich das hier überleben lässt, pilgere ich für den Rest meines Lebens zu den Dir geweihten Stätten.' Ich bin durchgekommen, und seitdem bin ich auf Wanderschaft und bin in ganz Nordamerika, vor allem aber in Europa, teilweise auch im Nahen Osten unterwegs - bis in den Irak bin ich gekommen. Mein großer Traum ist es, nach Jerusalem zu gehen, aber Israel hat mir schon viermal das Visum verweigert. Wegen der Stempel der arabischen Länder. Aber wie soll ich sonst zu Fuß dorthin kommen?
Im Winter bitte ich in Kirchen um Herberge, im Sommer schlafe ich draußen. Um Geld oder um Essen bitte ich nie. Das muss von Herzen kommen. Jetzt wandere ich zum Kloster Medugorje bei Mostar, dann weiter in Richtung Süden. Ich habe einen neuen Pass ohne Visa - und bete zu Gott, dass er mich Jerusalem sehen lässt. Aber du schleppst viel mit dir herum! Was hast du denn alles in Deinem Rucksack, was du so dringend brauchst?" Und dann zeigt er mir lachend den Inhalt seiner Manteltaschen: Zahnbürste und Zahnpasta, ein Stück Seife, etwas Schnur, einen Bleistift, Papier ("Das ist gut für alles Mögliche!"), und zuletzt kommt ein kleines Weinglas zum Vorschein: "Ich liebe es, etwas Wein zum Essen zu trinken!"
Die Würde des Menschen. Man mag noch so arm sein - doch das Glas, aus dem wir unseren Wein trinken, macht uns zum Menschen.

Wir umarmen uns lange zum Abschied, wünschen uns Glück. Wohl hat jeder von uns beiden im Anderen seine eigene Verlorenheit gesehen, und so trennen wir uns, beide mit Tränen in den Augen, er segnet mich, und wir gehen unserer Wege. Er nach Jerusalem, ich nach Sankt Petersburg.

Noch lange denke ich an ihn und an seinen Mut, der mir um ein Vielfaches größer erscheint als der meine. Mut zur totalen Armut, vollkommenes Vertrauen in den Menschen, und in Gott.

Der Weg ist noch lang.

Zu Besuch bei der alten Dame
Aquileia–Gorizia, 27.–28. Dezember

Sonnig und kühl war es, die schneebedeckten Bergketten der Dolomiten begleiteten mich in anständiger Ferne auf meinem Weg nach Gorizia, und die Krähen auf den Feldern und die Hasen und Rehe schienen meine alten Freunde zu sein, Blutsverwandte eines gemeinsamen Lebens an der frischen Luft.

Die kleinen Landstraßen schwingen sich hier durch geschichtsträchtige friaulische Landschaften, und wenn man so dahingeht Stunde für Stunde, beginnen einem diese Felder, die vor allem der erste Weltkrieg mit Blut getränkt hatte und an deren Rändern immer wieder Erinnerungssteine für die unzähligen Gefallenen stehen, ihre Geschichten zu erzählen.

Das ganze Gebiet um Gradisco d´Isonzo und Gorizia war bis 1918 österreichisch gewesen,

und zahllose Schlachten mit all' ihren Toten und Verwundeten, mit all' den Schicksalen der Männer, die ihr Leben, ihre Gliedmaßen, ihre Hoffnung auf diesen Feldern verloren, haben es schließlich zu Italien gemacht.
Und wenn man dann abends da sitzt in den Schenken, allein, müde, hungrig, dann erzählen einem auch die Menschen. "Mein Großvater war Deserteur. Er muss so groß gewesen sein wie du, fast. Er lag mit seinem Bataillon hier bei Gradisca d'Isonzo. Seine junge Frau lebte mit den beiden kleinen Söhnen, der größere war mein Vater, in der Stadt. Er hatte sie seit einem Jahr nicht gesehen. Eines Tages gleich nach dem Morgenappell schwang er sich unbemerkt auf ein Fahrrad und fuhr, sie zu besuchen. Was für eine Freude! Gleich nach dem Mittagessen radelte er zurück, um rechtzeitig zum Nachmittagsappell wieder da zu sein. Als er in das Lager kam, wurde er als Deserteur verhaftet - ausgerechnet an diesem Tag hatte es einen Zwischenappell gegeben, und er hatte gefehlt. Am Morgen darauf wurde er zum Richtplatz am Rathaus von Gradisca geführt und erschossen. Als ich Kind war, haben mir meine Tanten oft erzählt, dass man seine Schreie und seine Beteuerungen, doch nur für einen Moment seine Frau und seine Kinder umarmt zu haben und dann sofort zurückgekommen zu sein, gehört habe, bis die Schüsse gefallen seien. Und obwohl ich ihn nie gekannt habe, hatte ich mein Leben lang, wenn ich durch die Stadt ging, das Gefühl, seine Schreie zu hören, und dann den Schuss." Gerardo bestellt noch ein Glas Wein, und eins für mich. Noch lange sitzen wir wortlos da, seine traurigen, alten Augen blicken ins Leere. "Es gibt nur drei relevante Dinge im Leben: Die Liebe, die Freiheit und die Phantasie. Alles andere ist wertlos." Dann verabschiedet er sich und geht.
Um das zu hören, war ich zwei Wochen gewandert.

Gorizia liegt in einer grünen Senke zu Füßen der Julischen Voralpen, wie eine alte Tante, die einmal sehr schön gewesen sein muss, auf ihrem Diwan liegt, die man aber heute nur noch ab und zu besucht, ihre abstrusen und etwas zotigen Geschichten zu hören, die sie in einem Kauderwelsch aus verschiedenen Sprachen erzählt, und ihr leises Lachen, wenn sie sich an ihre Jugend erinnert, ein Lachen, das glucksend aus ihrer Tiefe kommt und schließlich ein beinahe zahnloses Gebiss entblößt.
Zum ersten Mal wurde Gorizia im Jahr 1001 in einer Bulle des Herrschers Ottone III. erwähnt. Hier fließen die beiden Flüsse Isonzo und Vipacco ineinander, natürliche Verbindungsadern zwischen Orient und Okzident, und hier verschmelzen die drei großen Familien der europäischen Kultur - die lateinische, die slawische und die germanische.

Ab 1117 war Gorizia vierhundert Jahre lang Sitz des Grafen von Görz, eines großen Geschlechts, dessen Herrschaft sich über Tirol, Kärnten, die Trevisaner Gegend bis hin zur kroatischen Grenze erstreckte. Um 1500 fiel Gorizia an die Habsburger und stand unter deren Rechtsprechung bis zum Ersten Weltkrieg, nach dem es italienisch wurde.

Mächtig steht die im 13. Jahrhundert im mittelalterlichen Stil erbaute Burg über der Stadt. Die übergroße Trikolore auf ihrem Turm winkt müde hinüber nach Slowenien, und während mein Blick durch den Winterdunst über die Stadt schweift, habe ich das Gefühl, dass hier die Zeit auf seltsame Art rückwärts zu laufen scheint. Das nahe, junge Slowenien prescht zügellos nach vorne, überholt seinen alten Nachbarn Italien um Längen in Wirtschaftswachstum, kultureller Entwicklung, Infrastruktur und Wohlstand, während hier Häuser verfallen, fünfundachtzigjährige Greise für ihre geschichtsträchtigen Bars im Zentrum der Stadt keinen Nachfolger finden und die wenigen Pensionen sich nicht die Mühe machen wollen, einem müden Wanderer für nur eine Nacht die Türen zu öffnen.

Ausgerechnet die Öffnung der Grenzen scheint Gorizia, das in der zweiten Hälfte des vorigen Jahrhunderts vor allem von den hier in Massen einkaufenden Jugoslawen lebte, abgeschlagen zu haben. Alles bröckelt, aber noch lacht die alte Tante, und ich lausche ihren manchmal unverständlichen Geschichten mit Vergnügen, bewundere ihre vergangene Schönheit und mache ihr Komplimente, wie es sich gehört. Das Schönste an ihr ist ihr zahnloses Lachen, wenn sie sich erinnert an ihre unzähligen Abenteuer, ein tiefes, ein gurrendes Lachen voller Melancholie.

SLOWENIEN
St. Petersburg
Venedig
Udine
Gradisca d'Isonzo
Cervignano
ITALIEN
Porto Nogaro
Aquileia
Gorizia
Portugruaro
Latisana
Triest
viso
San Donà di Piave
Altino
Golf
von Venedig
Venedig
0 km
25
50 km
oggia

Bukovica /Gabrije / Hrušica / Vrhnika / Ljubljana /Janče /
Zagorje ob Savi / Prebold /Celje /Slovenske Konjice / Slovenska Bistrica /
Ptuj /Ormož /Stročja vas / Lendava /

02_Slowenien

Geh und komm zurück.

Slowenisches Sprichwort

Slowenien In allen durchwanderten
bereits gewesen. Meist mit meiner Thea
war zumindest durchgereist. Einzig
kannt. Weder hatte ich Ljubljana vor
heit der julischen Alpen, oder die
ein Begriff. Was für eine Entdeckung,
Bernsteinstrasse, die Hauptalpen um
zia bis nach Lendava.
Der Winter hatte ganz Europa fest im
bis auf minus 18 Grad. Die Tage waren
bensgefährlich werden, sich in den
bruch der Dunkelheit kein Quartier
Solange ich ging, war die Kälte kein
ich schneller aus, als mir lieb sein

Ländern war ich irgendwann einmal
tergruppe für Vorstellungen, oder ich
Slowenien war mir vollkommen unbe-
ner gesehen, noch waren mir die Schön-
schmucken Städte Celje, Ptuj oder Ormoz
lieses Land, durch das die römische
gehend, quer hindurchführt von Gori-

Griff, die Temperaturen fielen nachts
kurz, und es konnte sehr schnell le-
Bergen zu verirren, oder nach Ein-
zu finden.
Problem. Doch kaum hielt ich an, kühlte
konnte...

In ein unbekanntes Land

Nova Gorica–Gabrije, 30.–31. Dezember

Ein Börek als Wegzehrung hält lange vor für meinen ersten Marsch über slowenische Landstraßen. Gleich hinter Gorizia habe ich die erste von zwölf Grenzen meiner Reise überschritten, aber es war enttäuschend unspektakulär. Nur das Erinnerungsbild vor dem Schild SLOVENIA legt Zeugnis von dem Grenzübertritt ab - nicht einmal ein Zöllner, dem ich meinen Pass zeigen durfte, stand in dem einst eigens für ihn errichteten Häuschen. Was bedeutet heute eine Grenze zwischen Ländern in Europa?

Oder besser: Was trennt Länder voneinander, wenn schon nicht Grenze und Währung? Was ändert sich, wenn ich zu Fuß in ein neues Land komme, Schritt für Schritt? Ist in dieser Zeitlupe etwas wahrnehmbar? Ändert sich überhaupt etwas?

Zunächst sprechen die Menschen hier noch gut italienisch, die Sprache wandelt sich nur fließend, erst zwei Tagesmärsche von der Grenze wird das Italienische spärlicher gesprochen werden. Autonummern werden fremd, auch wenn ich diese vorher schon in Italien zahlreich gesehen hatte. Die Landschaft? Unmerklich. Die Gesichter? Ja, hier hat sich etwas geändert. Slawische blaue Augen blicken mich plötzlich an. Gesichtsform und Statur der Menschen werden anders, doch langsam, denn die Wirren der letzten Kriege mit ihren Besatzungen haben die genetischen Grenzen verwischt. Das Essen? Auch hier, fließende Übergänge: Die Waren in den Supermärkten sind die gleichen, die Regale sind bestückt mit den Marken der internationalen Nahrungsmittelkonzerne hier wie dort. Die Laibe der Brote bei den Bäckern sind hier größer, aber es ist derselbe Weißbrotteig. Die Speisekarten führen noch viele italienische Gerichte, doch an erster Stelle stehen plötzlich Cevapcici mit rohen Zwiebeln und Paprika. Das muss nichts heißen, habe ich doch bei einem Dorffest in San Pietro d´Isonzo im Friaul hervorragendes Sauerkraut mit Leberkäse gegessen. Aber es riecht anders hier. Die Luft ist würziger, der kalte Wind bringt den Geruch von Schnee und Asche aus den Bergen herunter.

Grenzen scheinen sehr wohl zu bestehen, allerdings nicht mehr sichtbar wie früher als einfache und vereinfachende Linie, sondern räumlich und zeitlich fließend, filigran, unscharf und in fünf Dimensionen durch die Achsen Linie, Fläche, Raum und Zeit. Und Mensch.

Ein paar Stunden über eine kleine Straße, Feldwege schließlich, aber dann hat die Pension in Bilje, mit der ich gerechnet hatte, geschlossen. Die Dörfer liegen recht weit auseinander, und um allzu langes nächtliches Umherirren zu vermeiden, gehe ich ins Postamt und frage nach einer Pension in der Nähe. Die freundliche, füllige Dame am Schalter, eindeutig die Königin des Postamts, wenn nicht gar des ganzen Dorfes, nimmt die Angelegenheit in ihre flinken Hände, beginnt zu telefonieren; die eine Pension ist geschlossen, die andere voll, und im Postamt wächst die Schlange mit Kunden und ihren Briefen, Zahlungen und Paketen. Schließlich ist also in Rence, sieben Kilometer weiter, ein Zimmer gefunden - und jetzt muss ich mich so freundlich wie möglich gegen die längst beschlossene Tatsache wehren, dass mich der Postbote nach Rence fährt. "Es wird doch schon dunkel!". Nach einer guten Stunde strammen Marsches komme ich schließlich in Rence an.
Nach endlich wieder einmal reichlichem Frühstück (ich frage mich immer wieder, wie die Italiener ihre Tage nur mit einem Kaffee und einer Brioche im Bauch überstehen) weiter nach Dornberk (die Geschichte mit dem Hund), und dann meist auf wenig befahrenen Nebenstraßen an kahlen Weinreben und Obstbäumen entlang nach Branik und endlich Gabrije. Der 31. Dezember. Es ist, als ob man das Vakuum des ausgehenden Jahres über der Landschaft spürte. Sie atmet immer noch aus, um morgen endlich, endlich wieder einatmen zu können. Ein winziges Dorf mit neunzig Seelen, Übernachtung bei der Familie Turk. Gemeinsames Abendessen und mein Gastgeber, Zwago Turk, schwärmt von Schönheit und Fruchtbarkeit der Gegend, die inmitten der "Slowenischen Weinstraße" liegt. "Hier wächst alles, bis auf Zitronen!" Silvesterfeier unter Freunden im Gemeindesaal. Jeder hat etwas zu Essen und zu Trinken mitgebracht, der Tisch biegt sich unter den Köstlichkeiten: Hausgemachte Salami, Schinken, Käse, Fisch, Obst, paniertes Gemüse, Pudding und Kuchen aller Art. Zum Glück hatte ich die Flasche Champagner doch mitgetragen, die mir der Wirt der Trattoria Gianni in Gorizia mitgegeben hatte mit den Worten: "Wanderer, du gefällst mir! Nimm sie mit, du wirst sehen, wo immer du das neue Jahr feierst, wird sie dir Freude machen."
Natürlich sagt es niemand, aber ich merke, alle halten mich für ein bisschen verrückt. Alle, außer Charly, dem Komponist, der sich immer wieder neben mich setzt und mehr von meiner Reise und von meinen Plänen hören will.
Ein wunderbarer Silvesterabend, mit Bingo, das Marian, der Mann von Breda gewonnen hat, einem Feuerwerk, zu dem Zwago und Ivo, sein Bruder, Raketen beigesteuert haben, mit Musik, Schmaus und langen Gesprächen bis spät in die Nacht.

Als ich am nächsten Tag im Morgendunkel lautlos aus dem Dorf hinausspazierte, schlief noch Alles.
Langsam ging es jetzt in die Berge hinauf, Richtung Osten. Über verschlungene Weinstraßen durch große, weit schwingende braune Weingärten, in denen, kaum war das neue Jahr eingeläutet, hie und da die Bauern weiter den Winterschnitt vornahmen, ihre Arbeit kurz unterbrachen, als sie mich vorübergehen sahen, und herüber winkten. Kleine Dörfer, freundliche Menschen, wirtliche Gasthäuser. Selbst das Bellen der Hunde in den Dörfern war hier gastfreundlich - es gehörte zur Landschaft wie die Obstbäume, die Flüsse und die rauchenden Kamine - so ganz anders als in den Dörfern Italiens, wo abgerichtete Wachhunde, Dobermänner, Pitbulls, deutsche Schäferhunde, Doggen, Kangals und Rottweiler so wütend kläffend und geifernd den Besitz ihrer Herren verteidigten, als wäre der Wanderer ihr ewiger Todfeind und der ihrer Herren. Wohl ist er das auf eine Art tatsächlich - denn allein durch seine Wanderschaft zweifelt er alle die scheinbaren Werte des Besitzes in seinen Grundfesten an. Diese Wachhunde merken das wohl. Ohne Besitz würden sie nicht existieren, denn es gäbe nichts zu bewachen. Sie bellen also, ihr Instinkt trügt sie nicht, um ihr Leben.

Bald wurden die Berge höher, es wurde kälter, und schließlich fiel auch der erste Schnee meiner Reise. Der Winter begann, zuzubeißen - es sollte der kälteste Winter seit Jahrzehnten werden.

Die Post von Hrušica
Ajdovščina–Ljubljana, 02. Januar

Es war eiskalt. Der Schnee war hart, es dunkelte, und das Gehen wurde anstrengend. Ich war knapp dreißig Kilometer gegangen, die letzten drei Stunden stieg ich die Straße bergan, die sich von Ajdovcina die Julischen Alpen hinauf schlängelte, und konnte nur hoffen, dass in Col das Gasthaus noch ein Bett frei hatte. "Dort oben in den Bergen wohnt ein ganz anderer Menschenschlag. Die Leute sind noch freundlicher, noch hilfsbereiter als hier unten", hatte Zwago Turk bei der Verabschiedung gesagt. Die Dunkelheit war über die Landschaft gefallen wie ein schwarzes Tuch, das nachts über den Vogelkäfig geworfen wird, als ich ins Wirtshaus trat, dampfend und aus allen Lampen blinkend.
Nichts zu machen. Es war nicht nur kein Bett frei, sondern es gab hier seit zwei Jahren gar keine Betten mehr. Die einzige Übernachtungsmöglichkeit in der Nähe war in der alten Post, auf der Passhöhe von Hrusica, zwölf Kilometer entfernt. Es war fast unmöglich, zuerst mich selbst, und dann die Wirtin davon zu überzeugen, dass ich den Weg zu Fuß gehen würde – kaum war sie davon abzubringen, mich mit dem Auto hinzufahren. Sie war froh, wenigstens dort für mich anrufen und ein Bett reservieren zu dürfen, und so trat ich, nach einem heißen Kamillentee, für den sie sich weigerte, Geld anzunehmen, wieder in die vor Kälte glasklare Dunkelheit hinaus und ging in die unsichtbare Berglandschaft hinein. Zwei magische, lautlose Stunden durch eine verzauberte Welt folgten. Nichts war zu hören außer mein eigener Atem. Es hatte angefangen, zu schneien, winzige Kristalle, die kurz leise klirrten, wenn sie auftrafen. Pechschwarze, mit dickem Schnee bedeckte Tannen zogen an mir vorbei. Aus der Ferne Hundegebell, meine Schritte gedämpft vom Pulverschnee. Manchmal öffnete sich nach einer Kurve ein riesiger Abgrund vor mir, in dem tief unten kleine Dörfer funkelten. Meine Müdigkeit war verflogen, die Beine gingen von selbst und ich ertappte mich dabei, zu wünschen, dass dieser Tag niemals enden würde. Warum ich reise, wurde ich einmal in einem Interview gefragt, und ich hatte geantwortet, aus Angst. Diese Angst durch das Reisen konkret werden zu lassen, sie aus den Gefühlen herauszuziehen in eine Wirklichkeit, sie zu erleben und dadurch zu begreifen, sie sozusagen dingfest zu machen. Was für eine Angst das denn sei, hatte die Journalistin weiter gefragt, und ich hatte geantwortet, das sei wohl, wie letztlich jede Angst, die Angst vor dem Tod. Die Angst, eines Tages anzukommen. Das Hauptthema des Reisens wie des Theaters: Das Ziel. Der Tod. Und, das Entscheidende: Der Weg dorthin.

Wir wissen nichts, gaukeln uns aber ständig vor, unser Wille und etwas Geld genügten, uns unter Aussparung des Weges an ein beliebiges Ziel zu bringen. Ein Auto. Eine Zugfahrkarte. Ein Flugbillet. Doch wenn wir ganz ehrlich sind und uns nur auf uns selber reduzieren, merken wir plötzlich, dass es einzig der Weg ist, der zählt. Und plötzlich nehmen wir wahr, wie zerbrechlich wir sind, in welcher Gefahr wir schweben, allein indem wir leben. Wie dünn die Linie zwischen Leben und Tod ist, und wie unendlich wenig Macht wir haben über diese Grenze.
Die Straße wurde schmaler, kein einziges Auto, kein Mensch. Manchmal schien es mir, als ob irgendwo ein Wolf heulte in diesem Wald, der sich hinter der ersten schneebedeckten Baumreihe in unendlicher Dunkelheit auftat. Die Luft wurde kälter, es schien, dass sie sich verflüssigen wollte. Ich konnte mir plötzlich vorstellen, dass der Erfrierungstod ein euphorischer sein musste. Die Zeit floss an mir vorbei wie Sirup, dickflüssig, dunkel und unendlich süß. Irgendwann tauchte aus dieser Trance die alte Poststation von Hrusica auf, ein Bild wie aus vergangenen Jahrhunderten, dieses Gasthaus auf der Passhöhe, als hier Reisende, Soldaten, Händler anhielten und abstiegen, um auszuruhen, sich zu stärken und die Pferde zu wechseln.
Erst als ich jetzt in die warme Stube trat, merkte ich, wie ausgehungert und erschöpft ich war. Es gab Krautsuppe, dann Bärenbraten, und zum Nachtisch Pfannkuchen mit Preiselbeermarmelade und Sahne. Kaum konnte ich noch die Treppen zum Zimmer hinaufsteigen und mich umziehen, da fiel ich schon in das viel zu kurze Bett und in einen tiefen, traumlosen Schlaf.

Nach zwei weiteren langen Wandertagen die Berge hinunter und durch das trockengelegte und bewirtschaftete, jetzt unter Schnee brachliegende Laibacher Moor, traf ich in Ljubljana ein. Das Wetter war wunderbar, eisige Kälte, klarer Himmel. Die diffuse Wintersonne, die den ganzen Tag ihr milchiges Licht auf die gefrorene Landschaft gegossen hatte, ließ sich endlich erschöpft hinter den Horizont fallen. Am Fluss Ljubjanska entlang gelangte ich in die Stadt - und glaubte mich in einem Märchen. Eine zauberhafte Stille hing über der barocken Altstadt, die in einer Schlinge der Ljubjanska liegt, die diese um den Schlossberg beschreibt. Straßen und Häuser waren mit Lichtskulpturen geschmückt, und die vielen Menschen, die in der frühen Dunkelheit spazieren gingen oder in der von Gasheizschirmen kaum gemilderten Kälte in dicken Anoraks mit gefrierendem Bier an Bartischchen standen, schienen die Luft anzuhalten, um diese einzigartige, traumartige Ruhe nicht zu stören.

Der Legende nach soll Ljubljana von dem griechischen Helden Jason gegründet worden sein. Statt nach dem Raub des goldenen Vlieses auf dem ägäischen Meer gen Süden zu fahren, geriet er mit den Argonauten auf seinem Schiff Argo irrtümlicherweise in die Mündung der Donau. Flußaufwärts führte ihr Weg in die Save bis zur Ljubjanica, zu deren Quelle sie vorstießen. Hier traf Jason auf ein furchtbares Ungeheuer, kämpfte mit ihm und tötete es. Es soll der Drache von Ljubljana gewesen sein, der heute das Stadtwappen auf der Spitze des Burgturms ziert.

Die geographische Lage von Ljubljana bestimmte einen großen Teil seiner Geschichte. Die Wanderungen zahlreicher Völker liefen über die "Pforte von Ljubljana", die den natürlichen Übergang von Mitteleuropa zum Mittelmeerraum, zum Balkan und nach Osteuropa bildet. Bereits vor 5.000 Jahren entstanden hier Siedlungen der Pfahlbauer, später der Illyrer und der Kelten.
Ljubljana, das römische Emona, war einer der Verkehrsknotenpunkte des römischen Reiches und damit der Bernsteinstraße. Alle Waren, die aus den Ländern nördlich der Alpen nach Rom gelangen sollten, wurden über das heutige Slowenien und durch seine wichtigsten Städte Poetovio (heute Ptui) und Celeia (heute Celje) transportiert. Diese Route stellte die gefahrloseste Überquerung - oder besser: Umgehung - der Alpen in Richtung Italien und Rom dar, und so wuchs Emona zu einem Hauptumschlagplatz des Bernsteins und aller anderen Waren, die ihren Weg aus dem Norden nach Rom finden sollten.
Emona wurde mehrmals von Barbaren überfallen und schließlich im Jahre 452 n. Chr. von den Hunnen unter Attila zerstört. Seit dem 6. Jahrhundert siedelten Slawen in diesem Gebiet, 1336 kam Ljubljana unter die Herrschaft der Habsburger, und mit der Gründung der Akademien und der ersten öffentlichen Bibliothek im Jahre 1693 wurde Ljubljana zu einem wichtigen kulturellen und wissenschaftlichen Zentrum im Herzen Mitteleuropas. Heute hat Ljubljana 276.000 Einwohner, davon sind ein Fünftel Studenten.
Eigentlich wollte ich hier nur eine Pause von zwei Tagen einlegen - aber dann begann ich mich an die kleinen Spaziergänge durch die Stadt und auf die Burg hinauf zu gewöhnen, an die Besuche der wunderbaren Franziskanerkirche am Prešerenplatz und des Doms, der nach Plänen des römischen Jesuiten Andrea Pozzo gebaut worden war, des Museums und des erzbischöflichen Palais', der Sankt Nikolaikirche, des Marktplatzes und des Fischmarktes unter den Kolonnaden. Ich gewöhnte mich daran, am Fluss entlang zu flanieren, in Cafés zu sitzen, zu schreiben, zu lesen. Mit der Direktorin des Archäologischen Instituts stundenlang über die Bernsteinstraße und die in Slowenien wichtigen Fundorte zu sprechen. Lange zu schlafen, gut und regelmäßig zu essen. Und ich spürte, dass es mit jedem Tag, den ich hier länger blieb, schwerer wurde, wieder aufzubrechen. Aber Sankt Petersburg war noch weit, und irgendwann nahm ich meine ganze Willenskraft zusammen und zwang mich, wieder aufzubrechen und die Durchquerung Sloweniens in Angriff zu nehmen. Nach einer Woche gelang es mir endlich, mich loszureißen von dieser reizenden Stadt und wieder hinauszutreten in die klare, eisige Luft, die Berge hinaufzusteigen und vorwärts zu kommen auf meiner langen Reise, die gerade erst angefangen hatte.

An der Bernsteinstrasse entlang durch Slowenien
Ljubljana-Ptuj, 03.-16. Januar

Die erstaunlichste Erkenntnis in den ersten Wochen und Monaten meiner Reise war: Ich komme voran. Anfangs ist man noch fixiert auf die Fortbewegung, und der Geist versucht, sich an allen Veränderungen festzuhalten, die irgendwie greifbar sind: die Buchstaben auf den Nummernschildern der Autos, die plötzlich verraten, dass man sich in einem anderen Landkreis bewegt, Orts- und Gebietsschilder, die Ankunft in der nächsten Stadt.
Ständig will man sich beweisen, dass man vorwärts kommt, dass die Distanzen, die man täglich zurücklegt, sich wirklich zu einer Strecke summieren, die eine Bedeutung hat für die unbegreifliche, irrwitzige Entfernung zwischen Start und Ziel, zwischen Venedig und Sankt Petersburg.
Jeder Kartenwechsel ist ein kleines Fest, jede Veränderung der Landschaft ist eine Sensation.

Also ging es die julischen Alpen hinunter. Anders als den Römern hatte mir die größte Gefahr allerdings nicht durch Eis, Schnee, Kälte oder früh einbrechende Dunkelheit gedroht, sondern durch Andrea, die Hüttenwirtin am Jance-Pass.
Sie wollte mich in der Früh partout nicht aufbrechen lassen, weil, wie sie sagte, am Abend ihre Tochter zu Besuch käme, die ich auf jeden Fall kennen lernen müsste. "Schau, wie schön das Wetter heute ist: keine einzige Wolke am Himmel! Du legst dich draußen in einen Liegestuhl in die Sonne, bald gibt es Mittagessen, du ruhst Dich noch etwas aus, und dann kommt sie schon. Du wirst sehen, ein bildhübsches Mädchen. Sie gefällt dir bestimmt!" Lachend schnürte ich meine Stiefel. "Das ist sehr nett, Andrea, aber mein Weg ist noch weit. Und das Wetter ist perfekt zum Wandern!" "Einen Defekt hat sie, Markus: Sie raucht. Aber das gewöhnst du ihr ab." Wieder musste ich lachen, und als sie sah, dass ich tatsächlich meine Jacke anzog und mir den Rucksack auf den Rücken warf, fand sie die Lösung, wie sie mich zugleich gehen lassen und heute Abend zum Essen hier haben konnte: "In Litija sind heute alle Gasthäuser geschlossen. Wenn du unbedingt willst, gehst du jetzt dorthin, und wenn du da bist, rufst du mich an, und ich hole dich ab. Es gibt Wildschwein mit Rotkraut." Wir umarmten uns zum Abschied, und dann sagte sie mit einem Lächeln: "Ja, ich weiß, 'lass einen Wanderer in dein Herz, aber lass ihn auch wieder heraus'. Pass gut auf Dich auf!"

Also ging es die Alpen hinunter, und da lagen zwei unbekannte Perlen an der Bernsteinstraße: Celje und Ptui.
Wanderer, kommst du nach langem Marsch am Fluss Savinja entlang nach Celje, hüte dich, Passanten auf Englisch nach dem 'City Center' zu fragen! Obwohl du nur ein paar hundert Meter vom Stadtzentrum entfernt stehst, werden sie dir antworten: "Five kilometers straight ahead!" Erst als ich die Stadt ein paar Tage später verließ, entdeckte ich des Rätsels Lösung: Das 'City Center' ist einer jener riesigen Einkaufskomplexe am Rande der Stadt, und hier wie überall auf der Welt machen die Unternehmer durch den Namen kurzerhand das Zentrum des Kommerzes auch zum Zentrum der Stadt, auf dass es zum Zentrum des Lebens werden möge.

Celje wurde von den Illyrern und Kelten besiedelt und entwickelte sich später unter den Römern zum Verwaltungszentrum der Provinz Noricum. Celeja, wie die Stadt zu römischer Zeit hieß, avancierte, nicht zuletzt durch seine Lage an der Bernsteinstraße, zu einer der blühendsten römischen Kolonien. Reiche Ausgrabungen von Tempeln, Bädern und Mosaiken zeugen von Reichtum und Bedeutung Celeias, einige Chronisten der damaligen Zeit nannten es gar ein "zweites Troja". Erst nach der Verwüstung durch die Hunnen unter Attila ging Celeias Ruhm zu Ende.

Dann die Sensation: Der Archäologe Jure Krajsek lädt mich ein, das zurzeit in Ausgrabung befindliche Stück der römischen Bernsteinstraße unter dem Museum zu besichtigen. Alles ist freigelegt: Die elf Meter breite, nach oben gewölbte Straße, daneben zu beiden Seiten die Kloake und anschließend die Grundmauern der direkt an der Straße liegenden Geschäfte und Häuser. Ein sensationeller Komplex, der 2010/2011 für das Publikum geöffnet wird, sofern der Um- und Ausbau des Areals finanziert werden kann.
Dann packt Jure mich in sein Auto, und fährt mit mir zur römischen Nekropolis bei Šempeter. Ich war daran vorbeigewandert, aber alle Grabmäler waren eingepackt gewesen und das Areal abgeschlossen. Jetzt klingelt Jure an einer Haustür, und eine freundliche Dame in Grün gibt ihm, nach einem kleinen Schwatz, einen großen Schlüssel: Nicht nur führt er mich durch die Nekropolis mit ihren bestens erhaltenen Grabsteinen. Wir schlagen uns in Richtung Osten durch ein paar Büsche, und plötzlich liegt vor uns ein zweihundert Meter langes schnurgerades Stück römischer Straße. "Das ist das längste und besterhaltene freiliegende Stück der Bernsteinstraße in Europa. Sie kam von Emona, wie Ljubljana damals hieß, herunter, und führte von hier weiter nach Poetovio und Carnuntum.", sagte Jure, und erzählte mir von seinen Träumen, dieses ganze Areal hier auszugraben, zu erforschen, und für das Publikum zu öffnen, als eine Art römischer Geschichtspark. "Aber das kostet sehr viel Geld, und der Grund rundherum ist in Privatbesitz."
Wir streunten noch ein wenig herum, Jure erzählte mir begeistert von der Straßenbaukunst der Römer, die ohne optische Instrumente Genauigkeiten in der Planung und Realisierung der Straßen erreichten, die vergleichbar mit heutigen Messstandards sind.
Als ich nach drei Tagen Celje verlasse, schwirrt mir der Kopf von Daten, geschichtlichen Fakten, archäologischen Ausgrabungen und Funden, und mir wird klar, wie präsent die Bernsteinstraße hier auch heute noch ist, und welch ungeheure Spuren alle die Händler mit ihren Waren, die Soldaten, alle die Menschen, die auf, neben und mit der Straße gelebt haben, in der Geschichte der Stadt und ganz Europas hinterlassen haben.

Obwohl ich seit über zwanzig Jahren die ganze Welt bereise, mit meiner Theatergruppe an Theatern und Festivals in ganz Europa, in Asien, Afrika, Nord- und Südamerika gastiere und zahllose auch entlegene Länder wie Kasachstan, Kirgistan, Iran, Pakistan, Ecuador oder Zimbabwe durch Gastspielreisen kennen und lieben gelernt habe, staune ich jedes Mal, wenn sich vor mir eine neue Stadt öffnet, eine neue Welt, die, mir bis dato vollkommen unbekannt, plötzlich und unerwartet ihren Zauber enthüllt.
Ich war, nach mehreren Marschtagen über vereiste Felder, spiegelnde Landstraßen und vergessene Dörfer, zuerst in eine der ältesten Städte Sloweniens, Slovenska Bistrica gekommen, wo mir der freundliche Wärter das prächtige Schloss trotz vorgerückter Stunde noch einmal aufsperrte und mich in bestem Deutsch durch alle Sammlungen führte, mir die aktuellsten Funde und Ergebnisse der regionalen Bernsteinstraßenforschung präsentierte und zu guter Letzt nicht nur 'vergaß', das Eintrittsgeld zu kassieren, sondern mir vielmehr noch ein Zimmer organisierte und ein Lokal für das Abendessen empfahl.
Der Zauber des Reisens sind, ja, Landschaften, Kirchen, Museen, Schlösser – vor allem aber sind es die Menschen. Vielleicht sollte ich erst wieder in das so gepflegte Westeuropa zurückkehren, wenn ich annehmen kann, dass der Museumswärter des Kunsthauses Zürich einem müden, verspäteten slowenischen Wanderer das Museum trotz Feierabend noch einmal aufsperrt und ihm liebevoll und in aller Ruhe die Sammlungen erläutert?

Ein paar Tage später erreichte ich Ptuj. Oder zumindest glaubte ich, Ptuj zu erreichen. Ich hatte mich der Stadt mit guten Karten auf winzigen Nebenstraßen genähert, als ich kurz vor Sonnenuntergang einen Mann nach dem Weg fragte – zur Bestätigung nur. Er schickte mich hinunter auf die Hauptstraße, und dort stand das Schild: PTUJ, nach rechts, obwohl ich sicher war, dass die Stadt geradeaus lag. Ich wollte keine Zeit mehr verlieren, die Dunkelheit brach schon herein, und so folgte ich diesem Pfeil. Es konnten nicht mehr als zwei Kilometer sein, eine knappe halbe Stunde. Ich lief und lief, es dunkelte, Autos fuhren schnell an mir vorbei, Nebel zog auf. Die Richtung schien mir falsch, ich zweifelte, doch da stand wieder ein Schild: PTUJ. Was tun? Ich ging schneller, um dem Tag wertvolle Minuten des letzten Lichts abzutrotzen. Plötzlich ein Schild: Belgrad, geradeaus, und Ptuj nach links. Ich hatte keine Ahnung mehr wo ich war, seit fast einer Stunde lief ich jetzt und lief und versuchte vergeblich, mich anhand der Karte, der Richtung und der Landmarken zu orientieren. Nichts stimmte überein. Schließlich schaltete ich das Not-GPS zu – und stand augenscheinlich in der Öde, fast fünf Kilometer von Ptuj entfernt. Es blieb mir nichts anderes

übrig, als weiter in die Dunkelheit hinein auf die aus dem Nebel auftauchenden Scheinwerfer zuzulaufen. Eine große, weiße, neue Hängebrücke führte mich schließlich über die Drava und in die Stadt, viel zu spät, erschöpft und ratlos. Es stellte sich dann rasch heraus, dass die große Umfahrungsstraße, auf die ich geraten war, neuer war als meine Karten, ja neuer als das "aktuelle" Material im Internet. Für einen Autofahrer machen neun Kilometer mehr nichts aus, vor allem, wenn er dafür schneller fahren kann - zu Fuß bedeuten sie aber fast zwei Stunden.
Erschöpft fiel ich ins Bett, doch da mein Missmut schnell von der bezaubernden Stadt, dem guten Abendessen und dem schönen Hotel mit seinen blendend weißen Laken gedämpft worden war, schlief ich bald selig ein.
Seit Tausenden von Jahren haben an diesem magischen Ort an der Drava Reisende der Bernsteinstraße Halt gemacht. Römische Legionen schärften hier ihre Schwerter und Lanzen, und schließlich fand die slawische Seele hier ihren Ort. Einst gehörte Ptuj zu den wichtigsten Städten in Zentraleuropa - das römische Poetovio war mit 40.000 Einwohnern eine der größten Städten in den römischen Provinzen. Die Lage der Stadt an der Bernsteinstraße, auf der Händler neben Bernstein alle Arten von Waren zwischen dem Baltikum und dem Mittelmeer beförderten, ließ auch sie aufblühen. Aus dem Osten brachten römische Legionäre den Mithraskult, und so entstand hier eines der bedeutsamsten Zentren des Mithraismus in Europa. Staunend über diese verborgenen, gänzlich unbekannten Schätze Europas ruhe ich hier ein paar Tage aus, sehe mir das wunderbare Dominikaner- und das Minoriten-

kloster an, und verliere mich im Schloss mit seinen zahlreichen Ausstellungen zur Geschichte der Stadt und der Gegend, zur Bernsteinstraße, mit seiner Sammlung der "Kurenten", erschreckender und nur hier vorkommender Faschingsmasken, deren dämonische Kraft den Winter vertreibt; aber als ich nach ein paar Stunden hungrig werde und hinuntergehen möchte in die Stadt, ruft mich der nette Museumswärter zurück und ermahnt mich, ich hätte die Waffensammlung ausgelassen, die dürfe ich mir auf gar keinen Fall entgehen lassen. So trolle ich noch mit knurrendem Magen durch Räume voller Kriegswerkzeug: Schwerter, Degen, Steinschleudern, Wurfmaschinen, Gewehre, Hellebarden, Ritterrüstungen, Streitäxte, Kettenhemden, Armbrüste, Morgensterne und Feuerwaffen aller Art. Meine Konzentration lässt aber zu wünschen übrig, nicht nur wegen meiner Abscheu diesem Kriegsgerät gegenüber, sondern auch, weil ich versuche, eine List zu ersinnen, unbemerkt am Wärter vorbei zu kommen und das Schloss zu verlassen, ohne auch noch in die Puppensammlung genötigt zu werden.
Aus Ptuj wegzukommen war genauso schwer, wie es zu erreichen, denn nach zwei Tagen Rast in diesem bezaubernden Städtchen wollten die immer noch müden Glieder dem Befehl partout nicht gehorchen, wieder hinaus in die Kälte zu treten.

Symphonie in Weiss
Ptuj-Jeruzalem, 18.-19. Januar

Es war kalt, der Schnee war gefroren - doch es war sonnig, und der Weg an der Drava und die Pfade an der Drava und am Kanal des Kraftwerks HE Formin entlang versprachen malerisch zu werden. Sie waren allerdings nicht geräumt. Anstrengendes Gehen durch harschigen Schnee, kein Mensch weit und breit, ab und zu ein Fischreiher oder ein dicker Hase, der rechtzeitig die Flucht ergriff. Gegen Nachmittag begann dann von Kroatien her - die Grenze verläuft hier am Kanal entlang, und man muss aufpassen, die richtige Abzweigung nach Ormož zu finden, sonst riskiert man Scherereien mit kroatischen Zöllnern - ein warmer Wind zu wehen. Es war viel zu früh für den Frühling, und doch glaubte man, ihn schon kurz einatmen zu können.

Ormož ist vor allem archäologisch interessant, die verschiedenen Funde reihen die Stadt in die Gruppe der größten mitteleuropäischen Fundorte der Vorgeschichte ein. Umfangreiche Funde belegen eine Besiedlung des Gebiets bereits in der Kupferzeit (2.700-1.800 v.Chr.), und die Besiedlung in der Bronzezeit (1.000-700 v.Chr.) war so groß, dass sie das Gebiet der ganzen heutigen Stadt Ormož umfasste.
Später haben hier die Römer mit der Bernsteinstraße den Stützpunkt Curta errichtet. Wie die anderen Städte blühte auch Curta durch seine Lage an der wichtigsten römischen Nord-Süd-Handelsstraße auf.

Ich sollte Jeruzalem noch vor meinem Wanderkollegen Daniel erreichen, den ich zu Beginn meiner Reise in Italien getroffen hatte und der ins gelobte Land pilgerte. Mein Jeruzalem lag unverhofft näher: ein extensives Weinbaugebiet im Osten Sloweniens, das ich glücklicherweise als Alternative zum Grenzübertritt nach Kroatien und den dortigen Schnellstraßen in Richtung Norden gewählt hatte. Malerische, verkehrslose Sträßchen, die sich die Hügel hinauf- und hinabschlängelten, endlose Weinberge, an denen Furmint, Rheinriesling, Welschriesling, Chardonnay, Sauvignon, Weiß-, Grau- und Blauburgunder, Traminer, Gelber Muskateller, Muskat Ottonel, Rivaner, Kerner und Ranina gedeihen. Eine wahre Symphonie in Weiß, jetzt allerdings im braunen, kahlen, knorrigen Winterschlaf. Wieder wehten aus Süden warme Luftschwalle herüber, die Sonne schickte wärmende Strahlen vom blauen Himmel.
Traumhafte Sicht über die pittoreske Landschaft. Ich wanderte mutterseelenallein über die Hügel, Stunden um Stunden, und war glücklich.

"Ich glaube, ich habe mich in Slowenien verliebt!", schreibe ich aus Jeruzalem an Natasa Zavolovsek, Leiterin des großen Theaterfestivals EXODOS in Ljubljana, die ich dort nach vielen Jahren wiedergesehen hatte. Kurz darauf kommt ihre Antwort: "Du hast Dich JETZT in Slowenien verliebt? Im Winter? Wer weiß, was mit dir passiert, wenn du im Frühjahr, Sommer oder Herbst wiederkommst!"
Nicht auszudenken...

ÖSTERREICH
St. Petersburg
Venedig
Kapfenberg
Graz
Lendava
Maribor
Ljutomer
Ptuj
Ormož
Klagenfurt
Villach
Slovenka
Bistrica
Varaždin
Jesenice
SLOWENIEN
Celje
Krapina
Ljubljana
Vrhnika
Zagreb
Udine
Logatec
Ajdovščina
orizia
Novo Mesto
Col
Branik
KROATIEN
Trieste
Karlovac
Koper
Golf
n Venedig
Rijeka
Pazin
0 km
25
50 km
Adriatisches
Meer
Bihać

Nemesnép / Őriszentpéter / Csákánydoroszló / Egyházasrádóc / Ják / Szombathely / Csepreg / Sopron /

03_Ungarn

"Ihnen fehlt nichts", sagte der Arzt, "abgesehen davon, dass sie vollkommen erschöpft sind. Wie haben Sie das fertiggebracht?"
"Ich?" fragte Mihàly erstaunt.
"Ich habe nichts gemacht. Ich habe gelebt."
Und er schlief ein.

Antal Szerb, Reise im Mondlicht

Ungarn Gefrierender Regen überzieht
ner Eisschicht, die unter leisem Kna
Seit Stunden habe ich keine Menschen
rere Dörfer gekommen bin. Endlich eine
kal betrete, verstummen die Männer
sitzen, und blicken herüber. Ich setze
aus. Das Eis taut augenblicklich ab
chen in der Ecke. Die Männer unter
auf zu dem Fernseher, in dem die häss
Jockey wird von seinem Pferd hinter
Geländewagen in den Rücken eines Mo
der Düne stand. Eine Zapfsäule explo
seine kleine Tochter aus dem Auto. Aus
chen, die irgendein Sender dann zu ei
selt hat und jetzt hinaus in die Welt
Einen Tee auch nicht. Also Apfelsaft

ꞁnorak, Kapuze und Rucksack mit ei-
ːken an den bewegten Stellen bricht.
ːeele gesehen, obwohl ich durch meh-
ꞅeöffnete Gaststätte. Als ich das Lo-
lie um kleine Tische hinter ihrem Bier
neinen Rucksack ab, ziehe die Jacke
Ich manövriere zu einem freien Tisch-
ıalten sich wieder und schauen hin-
ichsten Todesarten zu sehen sind. Ein
ıergeschleift, in der Wüste fährt ein
.orradfahrers, der ungesehen hinter
liert, im Vordergrund reisst ein Mann
lem Internet heruntergeladene Film-
ıer Orgie des Todes zusammengeschnip-
ːendet. Heisse Schokolade gibt es nicht.
)ann weiter, hinaus in den Eisregen.

Der Kampf mit dem Drachen
Rédics–Szombathely, 22.–27. Januar

Als ob man Nationen sammeln könnte, spreche ich mir in dem stürmischen Regen, der mich in Ungarn empfängt, Mut zu: schon das dritte Land!

Aber diese ungeheure Wichtigkeit der kleinen Zeichen verlässt mich dann endlich einmal, nach ein, zwei, drei Monaten. Ich nehme die wechselnden Autoschilder nur noch am Rande wahr und muss mich zur Besinnung rufen, um die obligaten Fotos mit Stadt- und Länderschildern nicht zu vergessen.
Die ersten Kilometer war ich gezwungen, auf der Bundesstraße 86 zu gehen, einer wichtigen Nord-Süd-Achse für den Schwerverkehr. Riesige Pfützen bildeten sich auf der Straße, und jeder Lastwagen schleuderte Baum hohe Fontänen in den Straßengraben.
Das Wort "Wassersäule" bekam eine ganz neue, sehr konkrete Bedeutung, unter der das gesamte Werbegebilde der Outdoor-Industrie jämmerlich zusammenbrach. Schon nach ein paar Kilometern war ich klatschnass bis auf die Haut. "Wasserdichte" Goretex-Schuhe, "atmungsaktives" technisches Regenzeug und der "Testsieger im Hardshell-Vergleich" hatten das Handtuch geworfen, noch bevor der Tag wirklich begonnen hatte. Nach einer knappen Stunde konnte ich dann auf Feldwege und unbefahrene Landstraßen ausweichen und versuchen, durch kraftvolles Ausschreiten genügend Hitze zu entwickeln, um das ganze Wasser wenigstens auf Körpertemperatur zu bringen. Dampfend kam ich abends in meinem ersten Quartier in Ungarn an. Die mitleidigen Blicke der Wirtin waren nur zu berechtigt, und als ich nach einer langen heißen Dusche zum Essen herunter kam, schob sie mir als erstes wortlos ein großes Glas UNICUM hinüber. So sollte meine Zeit in Ungarn werden: Nass, kalt, klamm, stürmisch, die Menschen wortlos aber freundlich. Die älteren sprachen noch deutsch: "Wo bitte geht es in Richtung Szombathely?" "Diese Straße, immer gerade raus!"

Auch die folgenden Tage ging es bei heftigem Regen und so starkem Wind voran, dass sich mein Poncho immer wieder aufblähte und von hinten über meinen Kopf warf. Die Autofahrer, die mich am Straßenrand in strömendem Regen mit der grünen, aufgeblasenen Bestie kämpfen sehen haben, mögen mich für den Heiligen Georg gehalten haben, der den bösen Drachen besiegt. Doch der war ich nicht. Gewonnen hat immer der Drache, und ich kam regelmäßig klatschnass, entnervt und halb erfroren in einer Taverne an.

Die Dörfer lagen trostlos und verlassen da. Kaum ein Mensch in den Gärten oder auf den nassen, matschigen Straßen. Erstaunlich die vielen Brunnen in den Dörfern, jedes Haus hatte einen, selbst die neuen. Ob es hier kein Wasser in Rohren gab, vermochte ich nicht zweifelsfrei zu klären. Sie müssen sehr romantisch sein im Sommer und im Herbst, diese Dörfer, wenn alles grün ist, die Obstbäume Früchte tragen und die Menschen Gärten und Straßen beleben. Jetzt lagen sie trostlos da. Kalt, nass, kahl und menschenleer.
Auch die Herbergen waren weit auseinander, daher große, ermüdende Distanzen jeden Tag zu gehen. Die Tavernen in den Dörfern geschlossen, oder sie schenkten nur Branntwein an Männer mit riesigen Köpfen aus. Meist saß ich für die Mittagspause statt in einer Gastwirtschaft in einer zerfallenden Bushaltestelle mit Wellblechdach und einer Holzbank, der drei von den vier Leisten fehlten, und knabberte frierend an einem Stück Schokolade.
Aber die Wahrheit ist: Auch das hatte ich gesucht. Und ich war froh um das schiefe Dach, um die eine noch verbliebene Leiste der Bank, die mich ausruhen ließ, und um das bisschen Milchschokolade, das mir Energie zurückgab und mit ihrer dunklen Süße auch das Vertrauen, trotz allem anzukommen - heute Abend in der Herberge, morgen in der nächsten und schließlich in Sankt Petersburg.
Die wichtigsten Veränderungen, das merkte ich jetzt, geschahen in mir selber. Nicht die fremden Nummernschilder waren entscheidend oder die Verwandlungen in der pannonischen Landschaft, die hier begann. Die Magie lag, in Wirklichkeit, im Erlernen der Fähigkeit, das Ver-gehende, das Ver-gangene loszulassen.

Nach Ják kommen

Ják, 28. Januar

Es war im Januar. Ich kam nach Ják, es dunkelte. Ein langer, kalter Tag lag hinter mir, ich war erschöpft. Ich wusste, es gab hier eine Pension. Fragte Passanten, ja, es gäbe eine, dort drüben, aber sie sei geschlossen. Verzweiflung. Was tun? Ich ging trotzdem rüber. Im ersten Stock brannte Licht. Ich klopfte - die Tür war nicht verschlossen, also trat ich ein. Stimmen von oben, Hoffnung! Ich die Treppen rauf, rufe. Plötzlich steht ein riesiger, dicker Mann vor mir, nackt wie Gott ihn schuf, und tropfnass. Irgendwie versuchte ich, ihm verständlich zu machen, dass ich ein Bett brauchte. Und er, lachend, öffnete mir die Tür eines Zimmers. "Du schläfst hier!" "Und wieviel kostet es?" "Nichts!", und lachend verschwand er wieder.
In den anderen Zimmern saßen tätowierte Männer und spielten Karten, rauchten, tranken Bier. Eine Räuberhöhle?
Erst viel später, in der Gastwirtschaft, wurde es klar: Die Pension war geschlossen, und es war eine Mannschaft von Arbeitern dort einquartiert, die die Straße des Städtchens reparierten. Und die haben mir, mit einem Lächeln, Quartier gegeben.
Einfache, herzliche Gastfreundschaft, ich war dankbar um das warme Bett.
Wenn sie nicht am nächsten Morgen um sechs Uhr zur Arbeit gegangen wären und das Haus abgeschlossen hätten, ohne sich daran zu erinnern, dass ich darin noch schlief...

Neues Gebiss reserviert
Szombathely-Zsira, 29.-30. Januar

Im Herzen von Pannonien gelegen war Szombathely ein weiterer wichtiger Knotenpunkt der Bernsteinstraße. Schon früh von den Kelten besiedelt, wurden hier durch Kaiser Claudius die abgemusterten Soldaten der Legion XV Apollinaris angesiedelt. Der Kaiser ließ eine Stadt gründen und sie nach dem hiesigen Bach "Savaria Claudia Colonia Savariensium" nennen. Bald blühte die Stadt auf und wurde zum zivilen Zentrum der Provinz Pannonien. Die Tatsache, dass die Bernsteinstraße, die den Norden mit der mediterranen Welt verband, hier vorbeiführte, beschleunigte die Entwicklung der Stadt erheblich.
Kurze Pause. Museum, Kirchen, Bernsteinstraße.
Und Zahnarzt. Ich hatte alle Zähne vor meiner Abreise in der Schweiz kontrollieren lassen - aber der kleine Schatten auf dem Röntgenbild, der von einer Kunststofffüllung herrührte, hatte sich als unterirdische Karieshöhle entpuppt. Reißen? Wurzelbehandlung? Frau Dr. Zsofia Major schüttelte immer wieder den Kopf und tat ihr Bestes, den Zahn so zu präparieren, dass er wenigstens bis zum Abschluss meiner Reise halten mochte. "Wir können nur hoffen!" meinte sie, und ihr Lächeln, das zum Vorschein kam, als sie ihren Mundschutz abnahm, gab mir das verlorene Vertrauen in die Zahnärzte für einen Moment zurück. Die ganze grenznahe Gegend hier lebt auch vom Zahnarzttourismus. Behandlungen sind gut und um ein gutes Drittel billiger als in der Schweiz, in Österreich oder Deutschland, sodass Patienten aus dem Westen zahlreich strömen. Ein Gebiss zum Herausnehmen ist hier für unter 500 € zu haben. Ich habe eines zurücklegen lassen.
Noch zwei Tagesmärsche waren es von hier zur Grenze. Der Wind fegte mit 80 km/h durch die Gegend, aber dass er auch mal die Richtung um 180 Grad wechseln und schieben konnte, kam ihm nie in den Sinn. Ich war gerade dabei, mich nach einem guten Tipp eines österreichischen Einwohners Ungarns, der zuerst meine Schrittlänge bewundert und mir dann eine Abkürzung nach Csepreg empfohlen hatte, bei Einbruch der Dunkelheit im Wald zu verlaufen, als mein Telefon vibrierte mit der Nachricht: "Wir erwarten Sie morgen um 15:00 Uhr im Hotel Sonnentor in Lutzmannsburg. Gez. RR"

Ungarn in Österreich in Ungarn

Sopron, 1. Februar

Zwischen Szombathely und Sopron lag Österreich, und so spazierte ich jetzt durch unterkühlte Weinberge wieder an einem Grenzposten vorbei, der keiner mehr war. Furcht flößte er immer noch ein, und ich ertappte mich bei der Frage, wo ich meinen Ausweis hatte, obwohl weit und breit keine Menschenseele zu sehen war, die mit einem derartigen Ansinnen an mich hätte herantreten können.

In Wirklichkeit merkt man, dass man wieder in Ungarn ist, nur daran, dass plötzlich wieder die Hunde bellen. Nach knapp zwei Stunden Wanderung auf vereisten Wegen über Weinberge, durch Dörfer und schließlich auf der nassen Straße komme ich staunend nach Sopron. Herr Dr. Janos Gömöri, Archäologe des Soproní Múzeum, steht an der Pestsäule und lacht, als er mich kommen sieht, als träfe ein ägyptisches Kamel in Sopron ein. Von diesem Moment an bin ich in seiner weisen Obhut, und nach einer kurzen Verschnaufpause bei Gulasch und Palascinta zeigt er mir alles.

Sopron, ein Juwel mit einer bildhübschen Innenstadt, unbekannt und kaum entdeckt. Einzig der Wiener Einkaufs- und Zahnarzttourismus floriert hier, ansonsten liegt diese Schönheit noch in einem touristischen Tiefschlaf. Der mittelalterliche Stadtkern ist bis heute fast unversehrt und besitzt 115 Baudenkmäler und 240 denkmalgeschützte Gebäude.

Nach dem Ersten Weltkrieg sollte die Stadt, in der es auch heute noch eine große deutschsprachige Minderheit gibt, Hauptstadt des Burgenlandes werden. Bei einer Volksabstimmung im Dezember 1921 entschieden sich allerdings 62,5 Prozent der Bevölkerung für den Verbleib bei Ungarn, sodass heute ein ungarischer Sporn mit seiner Perle Sopron nach Österreich hineinragt und das Burgenland zweiteilt.

Herr Dr. Gömöri nimmt mich bei der Hand, führt mich zum Stadtwall, einem enormen römischen Mauersystem, das die gesamte Stadt umschloss und das hinein- und hinausführende Straßensystem kontrollierte, und das im Mittelalter weiter ausgebaut wurde. Er zeigt mir das Forum aus der Römerzeit, das vier Meter unter dem heutigen Hauptplatz liegt, Bürgerhäuser aus dem Barock und der Renaissance, den Feuerturm, gotische und barocke Kirchen, mittelalterliche Synagogen und Paläste aus dem 19. Jahrhundert. Dann schließt er mir lächelnd das Museum auf, führt mich durch die Schätze aus sechs Jahrtausenden, entschlüsselt mir Zusammenhänge und klärt mich über die Bedeutung der Bernsteinstraße für die Stadt auf.

Das römische Scarbantia, das keine militärische Festung, sondern eine Bürgerstadt war, lag auf einer Kreuzung der Bernsteinstraße (nord-südliche Richtung) und der Straße, die von Arrabona (Győr) nach Vindobona (Wien) führte (ost-westliche Richtung). Seine Bewohner waren vor allem Kaufmänner und Veteranen, und im ersten und zweiten Jahrhundert wurde der Bernsteinhandel immer wichtiger für das Leben der Stadt. Während der Regierung des Kaisers Vespasianus (69-79) wurde die Stadt schließlich zu einem Municipium mit einer eigenen Verfassung: Municipium Flavium Augustum.
Mir schwindelt, und Herr Gömöri entlässt mich, es ist längst dunkel, mit einem verheißungsvollen Lächeln in das kleine Gästezimmer des Museums: Morgen um acht fahren wir hinaus zum Amphitheater, und dann in den Wald, zur Bernsteinstraße!
Kaum war ich am nächsten Morgen zur Besinnung gekommen, stand ich schon fröstelnd im harschigen Schnee am Rande des Kraters des riesigen, römischen Amphitheaters, und wenig später dann im tief verschneiten Wald auf dem Wall der römischen Bernsteinstraße.

Langsam begannen sich jetzt Bilder meiner Reise miteinander zu verbinden, langsam kristallisierte sich eine wirkliche Straße, ein Band heraus, dessen erste Spuren ich in Altino und Aquileia gesehen hatte, und das in großen Entfernungen immer wieder auftauchte und, wie Perlen auf einer Schnur, aus seinen Bruchstücken langsam ein Ganzes bildete.
Wir trafen noch den Vizebürgermeister, gaben Interviews für Zeitungen und den katholischen Radiosender des Landes, nahmen eine kräftige Mahlzeit zu uns, und dann gingen wir gemeinsam aus der Stadt hinaus, vergnügt, wie zwei alte Freunde, die gemeinsam eine lange Reise gemacht haben oder eine wichtige Erfindung. Dann, an der Stadtgrenze, verabschiedete er mich, "glückliche Reise!", jedoch nicht ohne mir das Versprechen abgenommen zu haben, wiederzukommen. Es gilt!

Bratislava
SLOWAKEI
STERREICH
Eisenstadt
Mörbisch am See
Tatabánya
Sopron
Székesfehérvár
Csepreg
Veszprém
Szombathely
Ják
Egyházasrádóc
Csákánydoroszló
UNGARN
Őriszentpéter
St. Petersburg
Nemesnép
Lendava
Varaždin
Koprivnica
Venedig
km
25
50 km

WIDZEW

20

Lutzmannsburg / Neckenmarkt / (Sopron, Ungarn) / Rust / Purbach am Neusiedler See / Eisenstadt / Carnuntum / Hainburg an der Donau / Marchegg / Stillfried / Zistersdorf / Dobermannsdorf / Poysdorf /

04_Österreich

Am Schotterteich von Mistelbach
wird vielleicht noch
die Christel schwach.

Erste Allgemeine Verunsicherung

  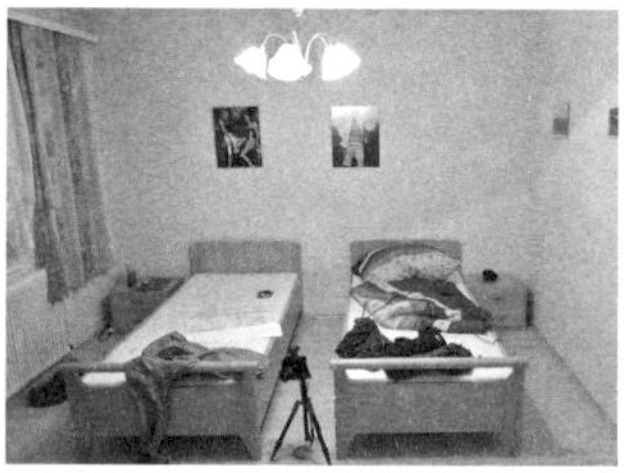 

Österreich Der ständige Eiswind aus
macht. Und dieses Österreich lag da
kühlfach. Hart, braun, mit schneiden
heranzukommen war nicht einfach
man ihn auftauen müssen.

Norden hätte mich fast verrückt ge-
wie ein Schokoladenpudding im Tief-
len Kristallen überzogen. An die Süsse
wenn man ihn geniessen wollte, würde

Im Land der Magier
Lutzmannsburg–Horitschon, 30. Januar

Ins Burgenland zu kommen war so etwas wie heimkehren. Nicht nur war mir als gebürtigem Münchner die Sprache mit ihrer gemütlichen bajuwarisch-österreichischen Wärme vertraut, auch wurde ich hier als "Der Bernsteinstraßenwanderer" in die Arme geschlossen und bis zur ungarischen Grenze nicht mehr ausgelassen.

Dieses Süd-Burgenland war wie ein Paradies, das die Strapazen der Wanderung mit exzellentem Essen, freundlichster Aufnahme allerorten und manchmal sogar fachkundiger Begleitung aufs Vortrefflichste linderte. Vereinzelt schien tatsächlich die Sonne in diesem mit 256 Sonnentagen pro Jahr sonnenreichsten Bundesland Österreichs, meist pfiff aber ein eisiger Wind aus Norden, ständig und geradewegs ins Gesicht. Kaum war es möglich, den Film in der Kamera zu wechseln, so garstig blies es, und mehr als einmal blieb ich einfach stehen und staunte wie ein Kind über die Unerschöpflichkeit dieser immer neuen, weit gereisten, eiskalten Luftmassen.
Von Rohrers freundlichem 'Apfelhof' in Lutzmannsburg ging es nach kräftigem Frühstück mit forschem Schritt nach Strebersdorf, und dort auf die Originaltrasse der römischen Bernsteinstraße - ein besonderer Leckerbissen auf meiner Expeditionsreise. Der römische Straßendamm ist streckenweise in seiner ursprünglichen Form, Höhe und Breite ausgezeichnet erhalten, weil die Trasse nach der Antike nicht mehr benutzt wurde.
Mitten im Wald erscheinen plötzlich Reporterinnen der lokalen Presse. Blitzlichter und Interviews: "Wie geht es Ihnen? Aber Sie schauen ja gar nicht schlecht aus!" Lachend zog ich weiter, durch Wälder und über windige Höhen, um rechtzeitig zum Mittagessen in Raiding zu sein. Ein unscheinbares pannonisches Dorf wie unzählige andere - wäre hier nicht im Jahr 1811 der Komponist Franz Liszt geboren worden. Zu seinem Geburtshaus, das mit viel Liebe zum Museum umgebaut wurde, sowie in den neuen großen, akustisch einmaligen Konzertsaal, der Konzerte, Tonaufnahmen und das Lisztfestival Raiding beherbergt, pilgern Jahr für Jahr fast 15.000 Musikfreunde aus Österreich, Ungarn, Deutschland und dem Rest der Welt.
Nach einer Führung von Bürgermeister Markus Landauer durch diese Kulturschätze, breche ich wieder auf, um nur eine Stunde später in Horitschon in den Moritz'schen Weinkeller gelenkt zu werden und dort den besten Blaufränkisch der Welt zu verkosten: Der 'Urknall

2005' umschmeichelt Gaumen, Herz und Gemüt jedes Weinkenners derart, dass man meint, in eine andere Daseinssphäre zu entschweben.
Fast zwei Stunden sitze ich hier, längst dunkelt es, und ich spreche mit Herrn Moritz über Weinkelterung, über Wünschelruten, Wasseradern und Erdenergiefelder. Und als sich schließlich die Wünschelrute in meiner eigenen Hand über einer Wasserader biegt, wird mir endgültig klar, dass dieses Burgenland nicht nur Geschichte, Bernsteinstraße, Musiktourismus und riesige Thermen beherbergt, sondern dass hier auch Zauberer wohnen, die die geheimen Kräfte der Erde zu lesen im Stande sind und ihr gleichzeitig einen Trank entlocken, der in die verborgensten Winkel der menschlichen Seele zu leuchten vermag.

Durch das Tor von Sankt Margarethen
Sankt Margarethen–Carnuntum, 4.–5. Februar

Aus Sopron kommend geht es wieder über die Grenze nach Österreich. Nach einer Wanderung durch wunderbare gefrostete Pusztalandschaften und über kaum befahrene Landstraßen erreiche ich das "Tor bei Sankt Margarethen".
Ein geschichtsträchtiger Durchgang: Vierhundert Jahre lang marschierten hier die Römer über die Bernsteinstraße. Später folgten Hunnen, Awaren, Germanen, Kreuzritter, Türken, Russen. Postkutschen, Kaufleute, Bauern und Reisende.
Von 1949 bis 1989 teilte der Eiserne Vorhang die Welt in zwei Teile, an dieser Grenze mit einem großen eisernen verschlossenen Tor. Im August 1989 jedoch kamen hier Hunderte von DDR-Bürgern zu einem "Picknick in Ungarn" zusammen, zum "gemeinsamen Abriss des Eisernen Vorhangs". Am Nachmittag des 19. August 1989 drängten gegen 15:00 Uhr plötzlich Hunderte von Menschen zum Tor, drückten es ein, und liefen so lange, bis sie erkannten, dass sie in Freiheit waren. Über 600 Flüchtlinge wurden im Dorf Sankt Margarethen verpflegt, dann wurden sie in Bussen nach Wien gebracht und weiter mit einem Sonderzug nach Bayern. Das "Tor von Sankt Margarethen" ist seither eine historische Stätte: Dieser Riss im Damm des Ostblocks führte bald darauf zum Zusammenbruch des Riesen und veränderte nicht nur Ungarn, Deutschland und Russland, sondern die ganze Welt.
Beschwingt ging ich in die Dunkelheit hinein nach Österreich, eine schnurgerade Allee entlang.

Die Weinberge flachten langsam ab, und nur selten geschwungene Wege führten mich am Neusiedler See entlang in Richtung Carnuntum. Es war kalt und windig, aber die Niederschläge hielten sich zum Glück in Grenzen. Über Feldwege und am Ende durch den Wald ging es schließlich auf der Trasse der Bernsteinstraße. Wieder dunkelte es, aber die Dämmerung dauerte jetzt schon beträchtlich länger. Magische Momente, auffliegende Spatzenschwärme, glühender Himmel.
Carnuntum, weitere große Etappe meiner Reise und große Perle auf der langen Schnur der Bernsteinstraße, war eine römische Militärstadt - Stützpunkt der römischen Donauflotte, in deren Nähe sich eine Zivilstadt bildete. Im Laufe des 2. Jahrhunderts nach Christuns vergrößerte sich Carnuntum ständig und erlebte seine Blütezeit schließlich im dritten Jahrhundert, in dem es sich über eine Fläche von zehn Kilometern erstreckte, rund 50.000 Einwohner hatte und den Ehrentitel einer "Colonia" verliehen bekam.
Staunend klettere ich anderntags durch die Ruinen, vor allem die nach Methoden der "experimentellen Archäologie" auf den ursprünglichen Grundmauern wieder aufgebauten Häuser haben es mir angetan. Noch lange streife ich, ganz allein, durch die "Villa des reichen Römers" und versuche mir das römische Leben hier vorzustellen, das mir plötzlich, mit seiner Fußbodenheizung, dem fließenden Wasser und den roten Dachziegeln, so wenig verschieden erscheint von dem unseren, und das doch so unendlich weit entfernt ist.

Von Boxern, Schlossherren und dichtenden Wirten
Hainburg an der Donau–Marchegg, 6.–10. Februar

Das Anstrengende an einer solch langen Wanderung ist nicht einmal die körperliche Belastung; an die gewöhnt man sich langsam, sodass man nach ein paar Wochen das Gewicht des Rucksacks oder die vielen Tageskilometer kaum mehr wahrnimmt. Extrem anstrengend hingegen sind die unendlich vielen Eindrücke, die ungefiltert auf den Wanderer treffen. Man ist vollkommen ungeschützt. Jeder Moment des Tages ist extrem intensiv - und diese ständige Intensität auszuhalten und zu verarbeiten ist für mich bislang die größte Herausforderung der Reise. So sind die Pausen sicherlich für den Körper wichtig. Vor allem aber dienen sie dazu, die Augen für einen Moment zu schließen und dem Geist einen Augenblick Ruhe zu geben.

Doch dann, wieder Aufbruch! Unruhe überfällt mich schon bald, dieses Hainburg an der Donau wird schon am zweiten Tag zu klein, sogar für die kurzen Spaziergänge, und so breche ich trotz hässlichen Regens bald wieder auf in Richtung Norden. Die Donau überqueren - das wird zu einem größeren Erlebnis als so manche Überschreitung einer Staatsgrenze bisher: Tief unter mir wälzt sich braun der Strom. Die riesige weiße Brücke zittert im Sturm, ihre Stahlseile singen, mein Anorak knattert dazu, und der Regen trommelt mir mit einem ununterbrochenen Staccato ins Gesicht.

Als ich zwei Stunden später in einer Gaststätte einkehre, werfe ich mich auf einen Stuhl wie ein Boxer, den der Pausengong für einen Moment von den Prügeln des übermächtigen Gegners erlöst - und genauso todesmutig trete ich ihm nach einem enormen Schnitzel wieder entgegen, dränge ihn zurück, aber vor allem stecke ich seine Schläge ein - bis mir Kurt Farasin, Direktor des Schlosses Hof, die riesigen Tore öffnet, mir Einlass gewährt und mich in die gute Stube holt, zu heißem Kräutertee, langen Unterhaltungen und schließlich einer ausgedehnten Schlossführung.

Der legendäre Feldherr Prinz Eugen von Savoyen hat sich Schloss Hof von dem Architekten Lukas von Hildebrandt von 1725-1729 als Refugium, repräsentativen Jagdsitz und als glanzvollen Rahmen für höfische Feste erbauen lassen. Ein enormer Komplex ist entstanden, der eine der bedeutendsten Leistungen österreichischer Barockarchitektur darstellt - eingebet-

tet in einen Garten, der in einer Pracht, einer Raffinesse und einer Eleganz angelegt wurde, dass er sich mit den schönsten Gärten Europas messen konnte.

Maria Teresia war so begeistert von der Schlossanlage, dass sie sie 1755 von den Erben Prinz Eugens kaufte, das Schloss um ein Stockwerk aufstocken ließ und ihm so das Aussehen gab, wie es sich uns heute zeigt.

Mit der Epoche Maria Theresias ging allerdings auch die Blütezeit von Schloss Hof zu Ende. Es ging bergab, bis 1898 Kaiser Franz Joseph es schließlich seiner Armee als Ausbildungsstätte übergab. Im 20. Jahrhundert lag es dann in einem Dornröschenschlaf - bis im Jahr 2002 mit Geldern des Bundes die Renovierung und Revitalisierung des gesamten Komplexes begann.
Heute präsentiert es sich in alter Pracht und zieht mit seinen Festen, Konzerten, Ausstellungen, Theatervorstellungen, mit seinem zauberhaften Garten und seinem Zoo jährlich Abertausende von Besuchern aus ganz Österreich, der Slowakei und dem Rest Europas an.

Längst ist es dunkel, als ich wieder aufbreche, aber der Sturm hat sich gelegt, und es ist trocken, sodass sich die einsame Landstraße nach Marchegg, wo mich der Wirt schon erwartet, fast wie von selber geht. Als er im Anmeldeschein unter Beruf "Poet" liest, schiebt er mir wortlos seine soeben erschienenen Lebenserinnerungen herüber und wünscht mir eine angenehme Nachtruhe.
Erschöpft sinke ich nach diesem Tag wieder ins Bett, Geist und Seele so voller Eindrücke, dass es schwer fällt, endlich die Augen zu schließen und hinunterzutauchen in einen langen, traumlosen Schlaf.

Nach Marchegg: Out of Africa
Marchegg, 10. Februar

Trüb hingen die Wolken am Himmel, und der Blick aus dem Fenster verhieß nichts Gutes: Einer dieser Tage, die man am liebsten im Bett verbringen würde. Lesen. Schlafen. Schreiben. Träumen. Ein Schritt vor das Haus würde nur wirre Haare, frierende Ohren, schwere Gedanken und nasse Schuhe bringen. Doch es gibt Termine einzuhalten – so frei, wie man denkt, ist das Wanderleben nicht immer –, und so schäle ich mich schließlich aus den Decken, lege sorgsam die warmen und auch die dichten Kleider an und gehe nach einem kräftigen Frühstück über den Platz in die Gemeinde hinüber, wo ich schon erwartet werde.
In Wirklichkeit ist Marchegg ja eine Stadt, doch wer würde das vermuten, wenn er diese Häuser hier sieht und diesen Platz? Ein Teil der Stadt, Marchegg-Bahnhof, liegt eine gute halbe Stunde Fußweg von Marchegg entfernt, ich bin das gestern Abend Schritt für Schritt abgegangen, eine beträchtliche Entfernung. Und wie man hört, sind sich die Bewohner Marcheggs und Marchegg Bahnhofs fremder als Deutschschweizer und Tessiner – auch in den kleinsten Orten ist Platz für Zwietracht.

Das Wahrzeichen, man möchte gar glauben, der wahre Existenzgrund dieser Stadt, ist die größte baumbrütende Storchenkolonie Europas. Jetzt waren die großen Nester auf den abgestorbenen Eichen leer und kalt – noch segelten ihre Bewohner auf ihrem 10.000 Kilometer langen Heimweg von Südafrika nach Marchegg durch wärmere Gefilde, mit über 400 Kilometern Flug pro Tag.
Die Marchegger Störche sind Ostflieger – die Route zu ihren Überwinterungsgebieten in Südafrika führt sie über den Bosporus, nicht wie viele andere über Gibraltar. Eine halbe Erdumkreisung bewältigen diese großen Segler jedes Jahr, um zu ihren Überwinterungsplätzen in Ost- und Südafrika zu kommen und zurück. Mitte August verabschieden sie sich, um Mitte März dann nach dem Rückflug ausgehungert wieder hierher zurückzukehren, an einen mit Fröschen, Fischen, Krebsen, Amphibien und kleinen Säugetieren reich gedeckten Tisch in diesem naturgeschützten Biotop der March. Warum nehmen sie diese Strapazen, dieses Risiko auf sich? Natürlich, es ist ihre einzige Chance. Aber trotzdem – was für ein spektakulärer Instinkt! Das Wissen um ihre Rückkehr beruhigt mich, es hilft, mir hier Leben vorzustellen: balzende Störche, Familien mit Kindern auf den Aussichtsplattformen, Sonne gar...

Jetzt fiel der Regen aus schweren, tiefen Wolken und prickelte auf die March, und ich blickte hinüber in die Slowakei. Devinska Nova Ves, ein Stadtteil Bratislavas war zu sehen, und, irgendwo im Dunst das Werk "VW Slovakia".

Das Schloss Marchegg, im 13. Jahrhundert durch König Ottokar II. als Bollwerk gegen die immer wieder einfallenden Ungarn errichtet, wurde im Barock zu einem Jagdschloss umgebaut. Jetzt steht es leer. Eine Ausstellung über Napoleon ist in Vorbereitung, aber in Wirklichkeit ist dieses Schlösschen zu groß für die Gemeinde - sie hat keine Mittel, es ausreichend zu renovieren, zu pflegen, und zu beleben - was für ein Kontrast zum nahen Schloss Hof! "Am besten wäre es, wenn ein Privatmann das hier kaufen würde", raunt man mir zu. Auch wenn es dann für die Bürger verloren ginge. Ein Schweizer Banker sei schon interessiert. Was für schwermütige Ausblicke und Gedanken in diesen klammen Räumen! Ausweglosigkeit ist wohl eines der schlimmsten Gefühle, in denen man gefangen werden kann.

Was machen die Störche, wenn es kalt wird und nass, und bevor sie vor Dunkelheit und Hunger zu traurig werden und Federn und Hoffnung verlieren? Aufbrechen. Losfliegen in die Wärme, trotz aller Strapazen. Trotz des Risikos. Den Winter woanders verbringen. Sich um Nichts scheren und auf Wanderschaft gehen. Und zurückkommen, wenn alles wieder besser ist. Wenn die Sonne wärmt, wenn die Frösche schmecken, und wenn man zu den Nachbarn hinüberspazieren kann. Austausch, Offenheit und Hoffnung. Nur Mut!

Wenn ein Storch dafür einmal im Jahr um die halbe Welt fliegt, werden mich doch ein paar tausend Kilometer nicht abschrecken! Also den Rucksack gepackt, und weiter. Sich die Hoffnung nicht rauben lassen. Es wird gut werden. Das weiß jeder Storch.

Eine ausgepumpte Stadt
Marchegg-Zistersdorf (-Mistelbach), 11.-12. Februar

Eisig blies der Wind geradewegs ins Gesicht, als ich die schützenden Marchauen verließ und auf Zistersdorf zuhielt. Und eisig fegte er dann in der Stadt, die wie ein Dorf heißt, um die Ecken. Ein ausrangierter Ölförderarm begrüßt den Wanderer, kurz darauf auch der Bürgermeister, inklusive Fotograf und Presse.

Zistersdorf war ein beschauliches Dorf, bis hier im Jahr 1929 Erdöl entdeckt wurde. Zunächst ein Segen für die Stadt und ihre Umgebung, wurde es bald zu ihrem Fluch. Im zweiten Weltkrieg von großer strategischer Bedeutung und von allen Kriegsparteien begehrt, wurde das Fördergebiet nach Kriegsende zur sowjetischen Besatzungszone. Die Sowjets versuchten jetzt nicht nur, möglichst viel Öl in möglichst kurzer Zeit zu fördern - eine den Ressourcen äußerst abträgliche Methode. Österreich wurde schließlich auch zu Reparationszahlungen in Erdöl verpflichtet, die bis 1955 einen wesentlichen Teil der geförderten Menge von bis zu 3,7 Millionen Tonnen jährlich umfassten.
Heute stehen die Förderarme in der Gegend still, oder sie nicken nur noch müde und versuchen, der ausgelaugten Mutter Erde die letzten Tropfen aus den schlaffen Brüsten zu saugen. Die meisten Berufstätigen hier pendeln nun nach Wien, und so ist Zistersdorf, wie die meisten Orte des Weinviertels, tagsüber Hausfrauenstadt.

Trotzdem mache ich mich am nächsten Morgen wieder auf den Weg. In der Früh bekomme ich ein großes Geschenk: Elisabeth Schiller, Geschäftsführerin des Vereins "Österreichische Bernsteinstraße", lädt mich zu einem Ausflug ins im Jahr 2007 eröffnete "Hermann-Nitsch-Museum" im nahe gelegenen Mistelbach ein!

Hermann Nitsch ist ein inzwischen weltberühmter Sohn der Stadt. Seine mit Blut gemalten Bilder haben schon vor Jahren für Aufruhr in der Kunstszene gesorgt, und seine rituellen Schlachtungen von Stieren, ihr Ausnehmen und Zerteilen, waren wichtige Happenings in Museen und auf Bühnen. Hier in dem ihm gewidmeten Museum, einer ehemaligen Pflugfabrik, hängen viele seiner großen Bilder erstmals zusammen, jetzt die aus der "20. Malaktion im zentralen Saal der Wiener Secession, zwischen dem 18. und 21. Februar 1987 durchgeführt" – die wichtigste und repräsentativste Malaktion von Hermann Nitsch und ein zutiefst eindrucksvolles Erlebnis.

Ich selbst hatte bei meinem Theaterprojekt vor zwei Jahren in Prishtina, dem "Kosovo.Blut. Theater.Projekt" mit Tier-Teilen und -organen im Zusammenhang mit Kriegs- und Nachkriegsgeschichten gearbeitet. Heftige, intensive Auseinandersetzungen mit Leben und Tod, intensivste Theaterarbeit bis an die Grenzen. Jetzt war ich froh, diese Bilder in diesen Räumen sehen zu dürfen. Hermann Nitsch bezeichnet seine Bilder als "Visuelle Grammatik des Theaters auf der Bildfläche". Momente der Andacht. Du bist nicht allein.

Bin ich mein Fernseher?
Palterndorf, 13. Februar

Warum machen Sie diese Reise? Ist es ein Bußgang? Eine Pilgerfahrt? Wonach suchen Sie? Was haben Sie gefunden?
Ich sitze in der vom Verein Österreichische Bernsteinstraße organisierten Pressekonferenz in Palterndorf. Lokale Presse, das österreichische Fernsehen ORF, Vertreter von Tourismusorganisationen, Interessierte.

Ein Fünftel der Reise liegt hinter mir, laut Karte bin ich bei Kilometer 650 angelangt. Allerdings ergeben Satelliten-, Schritt- und Zeitmessungen eine bis hierher zurückgelegte Strecke von eintausend Kilometern. Das bedeutet, dass die Vorausberechnungen der Entfernung um 1/3 zu niedrig sind - und dass daher die gesamte Strecke statt 3.200 Kilometer knapp 4.300 Kilometer lang sein wird.

Zu Fuß geht man viele Umwege. Schneidet nicht, wie die Straßen oder die Schienen, rücksichtslos durch die Landschaft, immer geradeaus durch die Täler und durch die Berge hindurch, über Flüsse und Seen hinweg, geradewegs in die Städte hinein und wieder heraus, über Trassen, Brücken und durch Schneisen schnellstmöglich ans Ziel.

Zu Fuß folgt man den Mäandern des Flusses. Steigt sich schlängelnde Pfade die Berge hinauf und hinunter. Meidet Autobahnen, große Landstraßen und Anschlussstellen, kreuzt stattdessen durch Felder, nimmt Waldwege, muss Umwege machen, um Bäche und Flüsse zu überqueren. Nimmt Nebenstraßen in die Städte hinein, verläuft sich manchmal auch einfach, weil man mit den Gedanken ganz woanders war und geradeaus weitergegangen ist an der Wegkreuzung, wo man hätte links abbiegen müssen nach Stillfried hinunter.

Es ist kein Bußgang, antworte ich. Sicher hätte ich viel zu büßen, aber viereinhalbtausend Kilometer? Vielleicht wirklich... Doch es wäre verdächtig einfach, wenn alle die Sünden in Sankt Petersburg einfach annulliert würden. Ich glaube ehrlich gesagt nicht, dass man so billig davonkommt. Nein, auch keine Pilgerreise, obwohl ich an all den Kirchen Halt mache, ihre Geschichten lese, Altäre, Heilige, und Foltermethoden bestaune und hie und da eine Kerze anzünde für die Seelen der Verstorbenen, der Lebenden und der Irrenden.

Eher ist es eine Meditation. Eine Kontemplation. Sich Zeit nehmen für alle die Gedanken, Bilder, Erinnerungen, sie wieder- und wiederkehren zu lassen, sie zu drehen und zu wenden unter dem sich stets ändernden Licht der verschiedenen Tage und unter dem gleichmäßigen Rhythmus der Schritte.
Ich suche, antworte ich, nach dem Menschen.

Was macht einen Menschen aus, wenn man all das Überflüssige weglässt, mit dem er sich umgibt, um sich vor dem Leben und vor sich selbst zu verschanzen? All das Gekaufte, all den Besitz, all die Arbeit, all die Gewohnheiten, die Bequemlichkeit, die Sicherheit, all das scheinbar Vorhandene?
Was bleibt?

Bin ich mein Auto? Bin ich mein Haus? Bin ich mein Fernseher? Bin ich meine Lebensversicherung? In Wahrheit: Ja. Denn für diese Dinge gebe ich mein Leben. Meine Lebenszeit in Form von Arbeit, mein Blut in Form von Geld.

Ich habe noch nichts gefunden, antworte ich. Außer der Freude, zu leben.

Irdische Geheimnisse
Althöflein, 14. Februar

Das Wetter wurde freundlicher. Kalt war es, windig, aber zeitweise kam die Sonne durch und schickte ein wenig Freundlichkeit in die Szenerie.
Querfeldein ging ich durch harte, dunkle, fruchtbare Felder in Richtung Althöflein bei Großkrut im Weinviertel.

Freundlich begrüßte mich Herr Martin Bauer und führte mich zunächst in die kleine Kirche des Ortes mit ihren zweimeterdicken Wänden, und dann ging es zum Kapellenberg und hinab in ein bis heute unverständliches Geheimnis: unter den Häusern Althöfleins wurden so genannte Erdställe entdeckt. Das sind lange, miteinander verbundene Stollen und Gänge, die jeweils zu kleinen Räumen führen.
Die Althöfleiner Erdställe sind mit ungefähr 270 Metern Gesamtlänge die wohl umfangreichsten ihrer Art in ganz Mitteleuropa. Ihre Stollen und Kammern sind auf zwei und drei Etagen verteilt.
Bis heute weiß man nicht, wann diese Erdställe genau angelegt worden sind und wozu sie wirklich gedient haben. Die wahrscheinlichste Version ist, dass die Althöfleiner Erdställe im 12. und 13. Jahrhundert angelegt wurden und dass sie Zufluchtsstätten für die Bevölkerung bei Kriegen und Invasionen waren.
Auch von der Kirche aus führen solche Stollen in die Erde, wohl konnte so die Bevölkerung von ihren Häusern aus unbemerkt in die Kirche gelangen, die mit ihren dicken Mauern guten Schutz bot. Es ist sogar ein Gang auf die nahegelegene Burg gefunden worden. Ein ausgeklügeltes Belüftungssystem mit kleinen Röhren, die die verschiedenen Gänge und Räume in Bodenhöhe verbinden und anderen, die hie und da an die Erdoberfläche führen, leitet frische Luft unter die Erde und verbrauchte wieder hinaus.

Lange Zeit war es ein Rätsel, wie die höchstens armdicken Belüftungsrohre durch meterdicke Erdwände gegraben werden konnten, zumal sie nicht gerade verlaufen, sondern Kurven durch die Wände hindurch beschreiben. Heute nimmt man an, dass man sie durch Tiere, zum Beispiel durch Ratten hat graben lassen: jeweils ein Exemplar auf jeder Seite in einem Käfig mit drei Gittern, die offene Seite zur Wand – die einzige Möglichkeit für das Tier zu entkommen.

Durch die Wand hindurch hörten sie die Hilferufe des anderen, sodass sie begannen, aufeinander zu zugraben und so die Röhren zu schaffen, die das Überleben der Menschen hier ermöglichten.

Nur langsam kommen wir vorwärts. Stark gebückt, manchmal auf allen Vieren krieche ich voran. Ab und an Aussparungen, die Vorratskammern für Lebensmittel und Wasser gewesen sein könnten. Am Ende des Ganges dann ein kleiner mannshoher Raum – wahrscheinlich der eigentliche Aufenthaltsraum für die Frauen und Kinder, vielleicht auch für die Männer, die hier unten ausharrten, bis der Feind weitergezogen war.

Lange sitze ich hier und versuche, mir das Leben zu jenen Zeiten vorzustellen, in denen die Bevölkerung dieser kleinen Orte ständig von den Heimsuchungen der verschiedensten Kriege und von ihren vorbeiziehenden Truppen bedroht war. Ein angstvolles Leben, das Menschen dazu bringt, sich tief in die Erde einzugraben, um den Schrecken der Welt zu entgehen.

Das Atmen wird schneller, doch man spürt, dass der Sauerstoff ausreicht. Als ich wieder ans Tageslicht komme, bin ich froh. Froh, wieder frische Luft zu atmen. Froh, aufrecht gehen, mich bewegen zu können. Aber vor allem heilfroh, in einer friedvollen Zeit und in einer friedvollen Gegend zu leben.
Beides ist nicht selbstverständlich.

HIER FÜHRTE DIE TRASSE
DER RÖMERSTRASSE VON
SCARBANTIA (ÖDENBURG)
NACH CARNUNTUM
VORBEI

TSCHECHISCHE REPUBLIK
Valtice
Schrattenberg
Poysdorf
Grosskruth
Palterndorf
Zistersdorf
Mistelbach
Dürnkrut
Klosterneuburg
Marchegg
St. Petersburg
Venedig
Bratislava
Sankt Pölten
Wien
Hainburg
Mödling
Bruck
Baden
Purbach
Eisenstadt
ÖSTERREICH
Rust
Sopron
Horitschon
Raiding
Lutzmannsburg
Csepreg
Kapfenberg
Leoben
Szombathely
0 km
25
50 km

Valtice / Hodonín / Strážnice / Uherské Hradiště / Zlín /Bystřice pod Hostýnem / Valašské Meziříčí / Štramberk / Příbor /Ostrava / Fulnek / Vítkov / Rýmarov / Klepácov / Šumperk / Králíky /Ceské Petrovice / Rokytnice v Orlických horách / Bartošovice v Orlických horách /Orlické Záhorí / Destné v Orlických horách / Náchod /Cervený Kostelec / Trutnov / Zaclér /

05_Tschechien

Die Freiheit ist wie das Meer:
die einzelnen Wogen vermögen nicht
viel, aber die Kraft der Brandung ist
unwiderstehlich.

Václav Havel

Tschechien Mähren war seit meiner
wesen. Meine Grosseltern kamen aus
östlichen Sudetenland am Fusse des
und Geschichten meiner Grossmutter
kam, die aber, und dieser Ton schwang
mer verloren war.
Das Riesengebirge lag fast auf meinen
Umweg - aber dafür war ich ja losge

Kindheit das Land meiner Träume ge-
Mährisch Schönberg und Königshan im
Riesengebirges, und die Erzählungen
beschrieben mir die Welt, aus der ich
ständig mit in ihrer Stimme, für im-

Strecke. Ein paar hundert Kilometer
zogen: Um gehen zu dürfen.

Nach Tschechien durch vergessene Landschaften
Poysdorf-Valtice, 17.-18. Februar

Mit Traktoren sind einige Poysdorfer im Jahr 2004 bis nach Sankt Petersburg gefahren - ein großes, unvergessliches Abenteuer, mit dem sie mich heute Abend willkommen heißen. Lange Gespräche bis tief in die Nacht, Fachsimpelei über Reisen und Motoren, Erzählungen von der Freundlichkeit der Menschen unterwegs, von den Empfängen in Riga und schließlich von der Freude bei der Ankunft in Sankt Petersburg. "Aber weißt Du, Markus, das Schwierigste war die Rückkunft", erzählte Manfred Parisch, Leiter der Traktorexpedition. "Als ich das Ortsschild von Poysdorf wiedergesehen habe, habe ich gewusst, jetzt ist das alles vorbei - und wäre am liebsten sofort wieder umgekehrt in Richtung Norden..."

Aufbruch in Richtung Tschechien bei Schneesturm, aber dann beruhigte sich das Wetter. Lang zogen sich die Straßen und die Dörfer dahin, und wie überall in Grenznähe, wurde die Gegend ärmer, dünner, luftleerer, wie vergessen vom Treiben und Fahren, vom Politisieren und Wichtigtun, vom Geschäftemachen und von der Erotik des Lebens in den Städten und im Rest des Landes. Hier herrschte eine Art Windstille, geronnener Raum ohne Zeit. Vereinzelte weibliche Gestalten, die lautlos wie Traumbilder in ihren Schürzen durch die Gärten, in die winzigen Geschäfte und auf den Friedhof hinüberschwebten.

Dasselbe Vakuum, wie ich es, in anderen Farben, in Pakistan an der Grenze zu Indien wahrgenommen habe, in den Grenzregionen Kasachstans nach China, in den texanischen Landstrichen vor Mexiko oder in den beiderseits der Grenze verlorenen Dörfern Italiens und der Schweiz.

Über gefrorene Weinberge im Niemandsland überquerte ich schließlich die Grenze- und ließ ein Österreich hinter mir, das mich reich beschenkt hatte.
Immer wieder gelang es jetzt der Sonne, die Wolken zu durchbrechen, und just zum Foto meines glücklichen Grenzübertritts tauchte sie die ganze Gegend, vor allem aber das Schild "Tschechische Republik" in Gold. Nach Italien, Slowenien, Ungarn und Österreich war ich - für mich selbst kaum zu glauben - im fünften Land meiner Reise angelangt.

Es ist, sagte ich mir, tatsächlich möglich, einfach zu Fuß zu gehen, und dabei voranzukommen. Ganze Länder zu durchqueren, Berge zu überschreiten, den Weg zu finden. Nie hätte ich das gedacht, und noch vor einem Jahr hätte ich einen, der mir gesagt hätte, er wolle von Italien nach Tschechien über eintausend Kilometer zu Fuß gehen, geradewegs für verrückt erklärt.

Glücklich ging ich nach Valtice hinab, dessen barockes Schloss in der Abendsonne glänzte. Im Informationsbüro empfing mich eine bärtige Dame und teilte mir zuerst mein Hotel für diese Nacht mit und raunte dann vielsagend: Morgen gehen Sie nach Hodonin!

Von Vizebürgermeisterinnen, Glück im Winter und dem Zauberfest

Hodonin–Uherské Hradiště, 19.–20. Februar

Tschechien. Ja, ein anderes Land. Andere Menschen, andere Sprache, andere Währung, andere Speisen. Trotz aller Nähe - eine andere Welt.
Die Sonne schien in das verschneite Südmähren, und so ging es, meist schweren Schrittes, durch weiße Wälder, über schneebedeckte Felder, vermatschte Landstraßen entlang, durch winterliche Städte und Dörfer.
Hier plötzlich ein Riesenschreck: Das Schulterband meiner Zeiss-Kleinbild-Kamera hatte sich gelöst und sie fiel mit ihrem großen, ultrascharfen 15mm-Objektiv auf den Boden - glücklicherweise lautlos in halbmeterhohen Neuschnee, sodass ich sie nur schnell abzublasen brauchte. Nichts war passiert. Lange war ich dem Winter nicht mehr so dankbar gewesen.
Wo ich abends ankam, wurde ich herzlich empfangen, ein Zimmer war reserviert, so manches Mal auch bezahlt von der Stadt, die sich glücklich schätzte, mich Staunenden hindurchwandern zu sehen. Jagdschlösser tauchten unvermittelt im Wald auf, und wo ich hinkam, war das Essen exzellent.
Mit Wolfshunger stürzte ich mich abends auf Sauerbraten mit böhmischen Knödeln, auf wallonische Knoblauchsuppe, auf Sauerkraut und Krautsalat, und so manchen Abend floss mit dem Mahl ein güldenes Bier die Kehle hinunter. Die Tschechen sind bekanntermaßen die heftigsten Biertrinker der Welt: 160 Liter pro Person und Jahr werden hier konsumiert, Frauen und Kinder mitgezählt. Das ist so gut wie eine Halbe pro Tag. Für ALLE! Grandios! Ich habe mich bemüht, die Statistik nicht negativ zu belasten.
Obligatorisch: Palatschinken zum Nachtisch, in allen Variationen.
Bezaubernde kleine Städte mit so freundlichen Vizebürgermeisterinnen, die gar nicht mehr aufhörten, meine Hände zu schütteln und mir voller Enthusiasmus Tüten voller Aufkleber, Bierkrüge, Kaffeetassen, Bücher über die Geschichte der Stadt, Slivovicflaschen und Schirmmützen überreichten.
Ich ging zügig, Hodonín, Strážnice, Veselí nad Moravou und Ostrožská Nová Ves flogen vorbei, und ich traf nach ein paar Tagen in Uherské Hradište ein, wo mich die Damen des Tourismusbüros sofort in ihre Obhut nahmen: "Etwas von unserer Kultur musst du wenigstens sehen!" riefen sie lachend, nahmen mich müden Wanderer in ihre Mitte und brachten mich auf ein so bezauberndes Fest, mit Cymbalonmusik, Volkstänzen, Gesang und reizenden Ge-

sprächen, dass mir das alles eher ein Traum zu sein schien als der Abend eines harten Wandertages. Was für eine wunderbare Gesellschaft, was für Menschen, was für eine Kultur und Freude am Leben!
Ob ich irgendwann in mein Hotel gelangt und dort eingeschlafen bin, kann ich trotz null Alkohol beim besten Willen nicht mehr sagen. Jedenfalls lief ich am nächsten Morgen kopfschüttelnd und immer wieder laut auflachend auf der Landstraße in Richtung Zlín.
Wer mich da gesehen hat, mag mich für verrückt gehalten haben. Er hat recht gehabt.

Zlín made by Tom Bata
Zlín–Ostrawa, 21. Februar–1. März

Zlín ist keine schöne Stadt. Aber Zlín fasziniert mit seinen funktionalistischen Bauten aus der Zeit der Industrialisierung. Eine Stadt, aufgebaut von einem Mann: Tomáš Bata, der 1894 den heute weltgrößten Schuhkonzern gründete.
Die Stadt Zlín wuchs aus den Fabriken eines Schuhimperiums; Bata baute, was es für eine Stadt und ihre Einwohner brauchte: Arbeiterwohnhäuser, Kindergärten, Schulen, Universität, Krankenhaus, Theater... Schier unfassbar dieser Unternehmergeist, der nicht nur die industrielle Fertigung von Schuhwerk und seinen Verkauf in alle Welt zum Ziel hatte, sondern einhergehend die Errichtung der gesamten für die Arbeiter notwendigen Infrastruktur. Von 1894 bis zum Zweiten Weltkrieg war Zlín "Bata-Stadt" und lebte von der und durch die Schuhproduktion. Durch den Krieg wurden die Familie und damit das Unternehmen vertrieben und siedelte sich in Brasilien an. Heute hat Bata seinen Hauptsitz in Lausanne.

Und dann, Begegnung mit einer lebenden Legende. "Möchten Sie die Ausstellung im Zlíner Stadtmuseum noch sehen? Zwei Männer haben die Welt bereist, und jetzt werden ihre Bilder gezeigt." Natürlich! Und so erfahre ich von Miroslav Zigmund und Jiří Hanzelka, zwei der größten Weltreisenden des vergangenen Jahrhunderts, Autoren unzähliger Bücher, Radiosendungen und Filme, in der Tschechoslowakei und im damaligen Ostblock bekannt wie Juri Gagarin: 1947 sind die beiden mit einem Auto der Marke TATRA aufgebrochen nach Südamerika und Afrika, später haben sie die ganze Welt bereist. Tausende waren bei ihrer Abfahrt zu ihrer zweiten Weltreise auf dem Wenzelsplatz in Prag auf den Beinen. Ob die bei-

den noch am Leben seien, frage ich vorsichtig. Herr Hanzelka sei 2003 gestorben, aber Herr Zigmund habe vergangene Woche bei bester Gesundheit seinen neunzigsten Geburtstag gefeiert.

Zu meiner großen Freude konnte ich Herrn Zigmund treffen und zwei Stunden lang in seinem Haus in Zlín mit ihm sprechen - eine unvergessliche Begegnung von einer so großen Herzlichkeit, Neugier und Offenheit auf beiden Seiten, dass ich bereichert und glücklich, einen großen Reisenden und Seelenverwandten getroffen zu haben, weiter gezogen bin.

Der Winter hatte Südmähren und auch die Wallachei, in die ich jetzt kam, fest im Griff: zwei Meter hoher Schnee im Valašské Meziříčí. Besuch einer Gobelinknüpferei, Kerzenzieherei (oder besser: -presserei), von Freilichtmuseen und bei den Vizebürgermeisterinnen von Valašské Meziříčí und Rožnov pod Radhoštěm.
Dann weiter, vorwärts, Schnee und Eis zum Trotz, an Sigmund Freuds Geburtsstadt Pribor vorbei (kurz auf der Couch verschnauft), nach Ostrawa. Und obwohl die Grenze zu Polen nur ein paar Kilometer nördlich der Stadt verläuft, bin ich nicht hinübergegangen, sondern bin abgebogen nach Westen für einen Umweg von ein paar hundert Kilometern, immer der Grenze entlang und in die Sudeten hinein, auf der Suche nach der Welt meiner Vorfahren.

Ins Riesengebirge: Gefangen von Rübezahl

Chrudim–Königshan, 25.–31. März

Jetzt wurde die Reise beschwerlicher. Ich lief in meine eigene Vergangenheit hinein. Mein Großvater war in Mährisch Schönberg (heute Šumperk) geboren, meine Großmutter in Königshan (heute Kralovec). Kennengelernt haben sich beide in Chrudim, geheiratet in Grulich (Králiky), und dann sind sie nach Elbing (Elbląg, heute Polen) gezogen, wo mein Großvater Arbeit bekommen hatte und wo dann die Kinder, darunter mein Vater, auf die Welt kamen.
Ich traf also in diesen Orten ein, wissend, dass meine Vor-Geschichte, meine Existenz hier entstanden war. Lief durch die Straßen. Suchte in Chrudim nach der Entstehung der Liebe zwischen meinem Großvater und meiner Großmutter, versuchte mir die beiden vorzustellen, er fescher Ingenieur, sie zarte, hübsche und intelligente Fremdsprachenkorrespondentin, wie sie sich kennen gelernt haben mögen, was sie wohl gegenseitig angezogen und wie sie ihn in einem einzigen Moment unter all den Männern zum Vater ihrer Kinder gewählt haben mag.
Traf Tage später spätabends dampfend in Králiky ein, gerade rechtzeitig, um vor einem neugierigen, ungläubig staunenden Publikum einen Vortrag über meine bisherige und die noch geplante Reise zu halten. Stand am nächsten Morgen vor dem Traualtar meiner Großeltern, über den ein Krieg, vierzig Jahre Kommunismus und dann die Pinsel der Restauratoren hinweggefegt waren, erinnerte mich an die alten Fotos, die sie beide vor diesem Altar zeigten, sie zierlich, aufschauend zu Gott, in weißem Brautkleid, er fesch, ernst, ein bisschen verwegen und mit einem schelmischen Blitzen in den Augen.
So ging es weiter, der Winter wollte einfach nicht aufgeben, in die Gebirge hinein. Rast in Gasthäusern, an deren Wänden alte Bilder hingen mit Bezeichnungen wie: "Schutzhütte im Adlergebirge. Im Hintergrund Adolf Hitler Aussichtsturm", von ihren tschechischen Besitzern gerahmt und abgestaubt wie unschuldige Reliquien aus der Steinzeit.
Beim Übersteigen des Passes nach Deštné auf von Neuschnee getarnten, zentimeterdicken Eisschichten so brutal ausgerutscht, dass ich nur Gott danken konnte, noch alle Knochen heil zu haben. Und endlich am folgenden Tag in Náchod mit einer fiebrigen Erkältung aufs Bett geworfen, die mich zwang, all die Bilder, Erinnerungen, die Bewegung und den Kampf mit der Natur, mit dem Wetter und vor allem mit mir selbst anzuhalten, auszusetzen und zur Ruhe zu kommen.

Nur drei Tage, dann war das Fieber wieder weg, und ich, ungeduldig, weiterzukommen, diese Welt meiner Ahnen zu sehen, etwas zu begreifen vom Leben, seinen Gründen, seinen Ursprüngen und seinen Verwirrungen, bin wieder hinausgetreten in die kalte Gebirgsluft.
In Trautnau (Trutnov) endlich eingetroffen, wie ein Kind, das aus einem langen Schlaf voll dunkler Träume erwacht, die Großmutter mit ihrem von Falten zerfurchten Gesicht an seinem Bett findet, die es leise und lachend fragt, ob er denn Rübezahl gesehen habe in seinen fiebernden Träumen und wie er ausgesehen habe. Ganz anders als diese Eisenfigur auf dem Rübezahlbrunnen am Hauptplatz in Trautnau hat er ausgesehen, der Berggeist vom Riesengebirge aus den Erzählungen meiner Großmutter, viel größer, unbändiger, stürmischer, ständig sich verwandelnd mit einem wilden, dämonischen Lachen. Lange stehe ich vor der Statue und sage mir, ja, das alles ist wirklich. Die Welt meiner Grosseltern hat existiert, war nicht nur Erzählung, Phantasie, Imagination. All diese Erinnerungen sind entstanden aus einer wirklichen Welt, einer Welt, die es, aller Phantasie zum Trotz, tatsächlich gegeben hat.
Verwirrt, diesen Rübezahl meiner Großmutter, meiner Kindheitsträume plötzlich eisern und viel zu konkret vor mir zu sehen, stolpere ich fort, laufe nach Schatzlar (Žaclér), wo der Vater meiner Großmutter als Bergmann gearbeitet hat, taumle mit drei alten Bergleuten, deren Deutsch dieselbe Melodie hat wie das meiner Großeltern, durch die seit zwanzig Jahren geschlossenen und jetzt verfallenden Minen und komme schließlich nach Königshan (Kralovec), dem Geburtsort meiner Großmutter. Ein sonnenbeschienener kleiner Ort an der Grenze zu Polen, gottverlassen würde man ihn nennen, aber das glaube ich nicht. Ein Ort des Friedens am Ende der Welt. Lange sitze ich hier, fange mir ein paar Sonnenstrahlen ein und blicke hinüber auf ihr winziges Haus. Ja, klein war sie. Gelacht hat sie viel, gelitten auch. Gläubig war sie. Viel erzählt hat sie. Und, sie hat gut auf mich aufgepasst.
Dann stehe ich auf, und gehe, den Frühling überspringend, nach Polen hinüber, geradewegs in den Sommer hinein.

Das Gespräch mit Miroslav Zigmund in seinem Haus in Zlín

Als ich im Zlíner Stadtmuseum die Schuhe sah, mit denen Miroslav Zigmund und Jiří Hanzelka Ende der Vierziger Jahre des vorigen Jahrhunderts den Kilimandscharo bestiegen hatten, und die Fotos ihrer ersten Afrikareise von 1947 bis 1949, war ich wie elektrisiert. Von einem Bild lächelten mir zwei junge Männer in weißen Hemden entgegen, vor einem futuristischen, glänzenden Automobil stehend, im Hintergrund eine Giraffe. Es war, als wäre ich in eine andere Epoche gerutscht, in eine andere Welt, das Ganze war absurd.
Als ich erfuhr, dass Herr Zigmund vergangene Woche hier in Zlín seinen neunzigsten Geburtstag gefeiert hatte, wusste ich, dass ich ihn treffen musste. Es sei sehr schwierig, Herr Zigmund empfange keine Journalisten, und es wäre wohl unmöglich, so eine Begegnung herbeizuführen. Ich bat darum, dass man ihm meine herzlichen Grüße überbringen möge und ihm von dem Reiseprojekt erzählte, das mich nach Zlín geführt hatte.
Wenig später war die Antwort da. Herr Miroslav Zigmund würde sich freuen, wenn ich ihn in seinem Haus besuchte.

Diese Begegnung war für mich ein Schlüsselerlebnis meiner Reise. Es regnete in Strömen, als ich bei ihm ankam. Miroslav Zigmund öffnete mir lachend die Tür, und bat mich in bestem Deutsch herein. "Natürlich haben Sie keinen Schirm dabei! Warum sollten Sie auch einen Schirm bis nach Sankt Petersburg tragen?"

Als wir uns gesetzt hatten, begann er sofort, mich auszufragen: Wie ich die Reise geplant hätte, wie lange ich schon unterwegs sei, warum diesen Weg, mit welchen Karten ich arbeitete und so weiter. Ich erzählte ihm von meinen Großeltern und ihrer Herkunft vom Fuße des Riesengebirges, und er wurde nachdenklich. "Wissen Sie, Herr Zohner, ich bin 1919 geboren, und ich kann Ihnen sagen, wir haben hier alle bestens zusammengelebt: Tschechen, Deutsche, Slowaken, Ungarn. Es gab da keine Probleme, jeder hat den Anderen respektiert. Wenn da nicht dieser horrende Krieg über uns gekommen wäre. Alles hat er zerstört."
Immer wieder saßen wir lange da, schwiegen und blickten uns an, lachten. Was für eine Begegnung! Aber ich wollte vieles wissen, hatte viele Fragen auf dem Herzen, und so unterhielten wir uns fast zwei Stunden bei Tee und Kuchen über das Reisen natürlich, über das Leben, Abenteuer, und über das, was wir als Menschen verpflichtet sind, zu tun.

Interview

Zwischendrin klingelte es, Herr Zigmund sprang auf wie ein Zwanzigjähriger, der Paketbote hatte ein falsches Paket gebracht. "Möchten Sie noch etwas Tee?"
Zum Abschluss einige Fotos, und während ich anschließend die Kamera vom Stativ schraubte und den Film herausnahm, faltete er mein Stativ zusammen. "Alte Gewohnheit!"

Markus Zohner: Herr Zigmund, woher kommt dieser Drang nach dem Reisen?

Miroslav Zigmund: Dazu kommen mir die Zeilen des deutschen Dichters Eichendorff in den Sinn, ich habe sie damals auf dem Gymnasium gelernt, und sie haben mich ein Leben lang begleitet: "Wem Gott will eine Gunst erweisen, den schickt er in die weite Welt." Das ist vielleicht das Geheimnis – es ist eine Gunst Gottes, eine Gnade. Diese Gnade darf man aber nicht ignorieren. Wenn man die Träume in Realität verwandelt, ist alles in Ordnung.

Zohner: Warum aber machen das viele Leute nicht?

Zigmund: Aus Angst, vielleicht. Aber meistens aus Bequemlichkeit, denke ich.

Zohner: Auf den Bildern von 1947, auf denen man Sie und Ihren Freund Jirí Hanzelka zu Ihrer ersten Weltreise aufbrechen sieht, blicken einem zwei enthusiastische junge Männer entgegen.

Zigmund: Ja, enthusiastisch, das waren wir! Auf vielen unserer Vorträge oder in Interviews sind wir später nach dem Warum gefragt worden. Ich glaube jeder, und ich meine wirklich jeder, hatte damals die Möglichkeit so etwas zu tun. Einzig, diese Gelegenheit beim Schopf zu packen, war das Geheimnis. Jeder hätte damals die Chance gehabt, einen Plan zu fassen, die Vorbereitungen zu treffen, alles zu durchdenken und es dann in die Realität umzusetzen. Aber es braucht eben noch etwas mehr: Enthusiasmus, wie Sie sagen, und vielleicht auch diese Gunst, diese Gnade Gottes.

Zohner: Sie waren 25 Jahre alt. So lange Autoreisen waren damals, 1947, zwei Jahre nach Ende des Zweiten Weltkrieges, praktisch unbekannt. Sie hatten großes Vertrauen in die Technik.

Interview Miroslav Zigmund

Zigmund: Wir sind mit einem Tatra T87 gestartet, das war das unserer Meinung nach damals beste in Serie gebaute Automobil. Es hatte einen Achtzylinder-Motor, eine große Heckflosse und machte eine Höchstgeschwindigkeit von 160 Stundenkilometern. Das auch dank eines Strömungswiderstandskoeffizienten von 0,29. Den erreichen selbst heutige Autos nur selten. Die Qualiät war erstklassig, wir haben das alles vorher ausgiebig getestet. Wir hatten Schiebedach und im Armaturenbrett eingebaute Rasierer.

Zohner: Am 22. April 1947 sind Sie mit dem Tatra in Prag abgefahren.

Zigmund: Von Prag ging es quer durch Europa nach Marseille, wo der Wagen nach Casablanca verschifft wurde.
Entlang der afrikanischen Mittelmeerküste fuhren wir nach Kairo und von dort den Nil entlang bis Assuan. Hier begann unser größtes Abenteuer: die Durchquerung der Nubischen Wüste, ein Gebiet von der Größe Deutschlands, in dem sich nur 18 Brunnen befanden und nur wenige Kilometer Sandpiste. Wir waren die Ersten, die sie mit einem serienmäßig hergestellten Personenwagen durchquerten.

Zohner: In der Ausstellung über Ihre Reisen im Stadtmuseum Zlín waren die Schuhe zu sehen, mit denen Sie den Kilimanscharo bestiegen haben.

Zigmund: Ja, das war eine schwere Besteigung, und Sie haben gesehen, mit welchem Material wir dort hinaufgegangen sind. Heute hat jeder, der durch einen Wald geht, bessere Schuhe an als wir damals. Wie waren wir stolz, dort oben die tschechoslowakische Fahne zu hissen! Diese Dinge gehören zum Reisen. Für Filmaufnahmen haben wir uns die Victoriafälle abgeseilt, sind mit Bambuti-Pygmäen auf Elefantenjagd gegangen und vieles mehr. Es war alles ein einziges Abenteuer, die Welt war noch unentdeckt.

Zohner: Doch im Februar 1948 ergriffen die Kommunisten in Prag die Macht, die politische Situation in Ihrer Heimat hatte sich vollkommen geändert. Sie entschieden sich schließlich doch, in das von einem totalitären Regime regierte Land zurückzukehren.

Interview Miroslav Zigmund

Zigmund: Wir waren in Belgisch Kongo, als sich das Regime in der Tschechoslowakei änderte. Die Kommunisten hatten das "Siegreicher Februar" genannt. Die tschechoslowakischen Botschafter in aller Welt wurden ausgewechselt – und als wir drei Jahre nach unserer Abreise zurückkehrten, kamen wir in ein vollkommen anderes Land.
Ja, wir wollten zurückkehren. Unsere Wurzeln waren hier, unsere Eltern, unsere Freunde, alle lebten ja in der Tschechoslowakei. Allerdings war es auch unmöglich, aus der Ferne abzuschätzen, wie stark sich die Realität in der Heimat geändert hatte.

Zohner: Sie konnten jedoch nach Ihrer Rückkehr recht ungehindert Ihrer publizistischen Arbeit nachgehen und zwölf Jahre später sogar wieder auf Reisen gehen.

Zigmund: Zunächst einmal brauchten wir viel Zeit, das Material der ersten Weltreise zu verarbeiten: Fotos, Filme, Notizen, Karten, all die Erfahrungen und Erlebnisse wollten ja publiziert werden: Bücher, Filme und Radiosendungen sind erschienen, und wir haben unzählige Vorträge im ganzen Land gehalten.

Zohner: Mit all den Publikationen sind Sie auch über die Grenzen hinaus bekannt geworden. Es kam der Punkt, dass jeder in der Tschechoslowakei Ihre Namen kannte, Sie waren bekannt wie Juri Gagarin.

Zigmund: Juri Gagarin, das war ein guter Kerl! Wir haben alle vier ersten Kosmonauten kennengelernt – Gagarin haben wir in Colombo/Ceylon getroffen. Es war sein erster Aufenthalt im sogenannten kapitalistischen Ausland. Das war im November 1961, kurz nach seinem Weltraumflug. Er hatte unsere Bücher gelesen, und sagte, als wir uns begegneten, dass er uns beneidete: "Ich habe niemanden getroffen dort oben!"

Zohner: Hat Ihre Bekanntheit Sie geschützt? Auch der Präsident hat Sie ja sehr geschätzt.

Zigmund: Ja, sicherlich. Das Regime wusste nicht, was mit uns anfangen. So konnten wir uns zu jener Zeit vieles leisten, was ein Normalbürger sich niemals hätten leisten können. Wir haben publiziert, Vorträge gehalten, sind gereist, und schließlich haben wir auch unsere nächste Weltreise vorbereitet. Wir starteten, mit Billigung des Regimes, am 22. April 1959 zu dieser Fahrt, die fünfeinhalb Jahre dauern sollte. Den Tatra 87, den wir bei der ersten Reise benutzt hatten, haben wir gegen zwei leichte LKW Tatra 805 ausgetauscht. Dieses Mal sind wir nicht mehr allein gefahren - ein Arzt und ein Mechaniker waren mit dabei. Zwar haben wir für manche Länder - Australien, Iran und China - kein Visum erhalten. Unser Ziel Japan haben wir jedoch erreicht. Zurück sind wir dann durch die damalige UdSSR gefahren.

Zohner: War Ihr "Bericht Nummer 4" zur Situation in der Sowjetunion das Ende Ihrer publizistischen Tätigkeiten?

Zigmund: Das Ende nicht, aber der Anfang vom Ende...
Sehen Sie, wenn man ein aufrechter Mensch ist, muss man Unrecht aussprechen. Die Sache mit dem "Bericht Nummer 4" war so: Wir waren die ersten Ausländer, denen die Durchquerung der Sowjetunion gestattet wurde. Leonid Breschnew hat uns persönlich empfangen und einen Bericht zur ökonomischen Lage der UdSSR bestellt. Und er hat uns eingeladen, ihn nach Abschluss unserer Reise auf seiner Datscha zu besuchen und ihm davon zu erzählen. Ein ganzes Jahr lang sind wir dann durch das riesige Land gefahren, haben Industrieanlagen, Bergwerke und Kolchosen besucht. Wir haben viel Material gesammelt damals, Fotos gemacht und Wirtschaftsdaten erstellt. Erst im Sommer 1964, nach über fünf Jahren, sind wir in die CSSR zurückgekehrt.

Zohner: Und Sie wurden begeistert empfangen, waren berühmt, Ihre Bücher hatten eine Auflage von sechseinhalb Millionen erreicht. Sie haben weiterhin publiziert. Wie ging es weiter mit Ihrem "Bericht Nummer 4"?

Zigmund: Den "Bericht Nummer 4" über die Sowjetunion schickten wir an den Präsidenten der Akademie der Wissenschaften, Kopien gingen an Staatspräsident Antonin Novotny und an einige Mitglieder der Staats- und Parteiführung. Wir wollten den Leuten, die in der CSSR am Ruder saßen, die Augen öffnen.

Zohner: Und Breschnew?

Zigmund: Wir hatten Nowotny gebeten, eine Kopie des Berichtes an Breschnew zu schicken. Der wollte sich da aber raushalten, es sollte nicht so aussehen, als ob er damit einverstanden wäre. Aber immerhin hat er den zum größten Teil kritischen Text in's Russische übersetzen lassen.
Als die Übersetzung fertig war, fragten wir uns, wie wir das Dokument an Breschnew schicken könnten. Jiří Hanzelka hatte die Idee mit dem Telegramm: Er ging auf die Post, schrieb die Adresse, Genosse Breschnew, Kreml, Moskau und so weiter, und dann: "Der versprochene Bericht ist fertig, bitte teilen Sie uns mit, wann wir ihn übergeben dürfen." Die Postbeamtin wollte das Telegramm zunächst gar nicht absenden, verlangte Jirís Personalausweis und fragte ihn mehrmals: "Sie wollen wirklich an den Genossen Breschnew telegrafieren?"
Schon am darauffolgenden Tag bekam Jiří Besuch vom erbosten sowjetischen Vizebotschafter Udalzin. Wenig später kam auch Breschnew nach Prag, um als Gast am Parteitag der tschechoslowakischen Kommunisten teilzunehmen. So konnten wir ihm den bestellten Bericht persönlich übergeben.

Zohner: Hat Breschnew reagiert?

Zigmund: Breschnew wird den Bericht wohl kaum selber ganz gelesen haben. Dafür hatte er seine Männer. Ihr Urteil war einfach: "Antisowjetisch, antisozialistisch."

Zohner: Aber für Sie hatte das keine direkten Folgen.

Zigmund: Nein, noch nicht. Damals hat uns noch unsere enorme Popularität geschützt. Wir konnten weiter publizieren, Filme machen, Radiosendungen produzieren und Vorträge halten.
Auf Initiative des Zentralkomitees der kommunistischen Staatspartei (KSC) wurde sogar ein Treffen mit den Chefredakteuren aller Tages- und Wochenzeitungen veranstaltet, bei dem wir über unsere Erlebnisse in der Sowjetunion berichteten, ohne ein Blatt vor den Mund zu nehmen.
Allerdings durfte unser "Bericht Nummer 4" über die Sowjetunion nicht veröffentlicht werden und wurde weiterhin geheimgehalten.

Zohner: Wann hat sich das Blatt gewendet?

Zigmund: Als 1968 sowjetische Panzer die Tschechoslowakei besetzten, haben Jiří Hanzelka und ich uns öffentlich gegen die Okkupation geäußert. Wir haben protestiert, unter anderem in einer Radioansprache. Das neue Regime hat uns beide dann sehr schnell mundtot gemacht und aus der Öffentlichkeit verbannt. Wir wurden aus allen Verbänden ausgeschlossen, unsere Bücher wurden beschlagnahmt, und wir durften weder reisen noch publizieren.

Zohner: Warum hatten Sie darauf bestanden, Ihren "Bericht Nummer 4" sogar dem sowjetischen Präsidenten vorzulegen? Hatten Sie keine Angst, dass sich dieser riesige Apparat eines totalitären Regimes gegen Sie wenden könnte?

Zigmund: Das kam aus einem inneren Gewissen heraus. Niemand hatte uns mit der Reise oder mit dem Verfassen des Berichtes beauftragt. Wir haben das alles aus freien Stücken gemacht, wollten die so genannte "kommunistische Wahrheit" mit der Realität vergleichen. Das Risiko, die "Haut auf den Markt zu tragen", wie man im Tschechischen so schön sagt, war uns bewusst. Aber wir hatten keine andere Wahl. Es gibt Dinge im Leben, die muss man tun, auch wenn sie einem selbst zum Nachteil gereichen.
Wir hatten Fakten gesehen, die in so krassem Gegensatz zur Propaganda, zur Scheinwahrheit des Systems standen, dass wir einfach nicht schweigen konnten. Die Alternative wäre gewesen, wie Würmer im Dreck zu kriechen.

Zohner: Das alles hat Sie zwanzig Jahre Ihres Lebens gekostet.

Zigmund: Ja, diese innere Verbannung, diese vollständige Auslöschung unserer bisherigen Arbeiten, kam in einem Moment, in dem wir auf der Höhe waren. Wir hatten Erfahrung, Erfolg, wussten, wie man Reisen plant, durchführt, dokumentiert, Filme dreht, Bücher schreibt. Wir konnten nichts mehr von all dem tun. Jiří hat als Gärtner in Prag gearbeitet, ich einige Zeit als Heizer. Es kam sogar der Moment, dass wir unsere geliebten Kameras verkaufen mussten, eine Rolleiflex und eine Linhof. Diese zwanzig Jahre hat man uns gestohlen. Damit kann ich mich nicht versöhnen.
Aber wir waren nicht allein. Das war das Schicksal tausender Tschechen und Slowaken.

Zohner: Sie sind das ganze Leben lang mit Ihrem Freund Jiří Hanzelka gereist.

Interview Miroslav Zigmund

Zigmund: Das war eine Freundschaft, die sich Jahrzehnte lang entwickelt hatte. Wir haben uns seit 1938, also bis zu seinem Tod im Jahr 2003, 65 Jahre lang gekannt. Freundschaften, die in schweren Lebensumständen entstehen, dauern an. Wir haben so viel zusammen erlebt, auch so viel in den unmöglichsten Bedingungen zusammengearbeitet, dass wir uns besser gekannt haben als unsere eigenen Geschwister. Planungen, Reisen, Fotos, Filme, Manuskripte, Korrekturen, alles haben wir gemeinsam entwickelt und erarbeitet.

Aber wie ist das denn für Sie? Zu Fuß ist das sicher anders, das ist ein anderes Reisen, das geht besser alleine, denke ich.

Zohner: **Ja, ich könnte mir kaum vorstellen, diese Reise mit jemandem zusammen zu machen. Das Alleinsein gehört bei diesem Spaziergang dazu. Aber meine bisherigen Reisen in aller Herren Länder habe ich so gut wie immer mit meiner Theatergruppe, also mit guten Freunden gemacht. Da ist es aber, wie Sie sagen, entscheidend, dass man sich gut kennt, zusammenarbeitet und Vertrauen hat.**

Zigmund: Ja, ich denke auch – würde ich zu Fuß gehen wie Sie, würde ich es allein machen. Aber für unsere Reisen mussten wir zu Zweit sein, sonst wäre das überhaupt nicht gegangen.

Zohner: **Wie haben Sie beide sich die Arbeit aufgeteilt – gab es bestimmte Arbeitsbereiche, die Sie übernommen haben, andere Herr Hanzelka?**

Zigmund: Wir waren in der vorteilhaften Situation, dass wir beide alle Tätigkeiten durchführen konnten. Wir konnten beide filmen, schreiben, fotografieren, fahren, konnten gemeinsam das Auto reparieren. Das war, glaube ich, unser Winning Point. Obwohl zwei Individuen, waren wir in der Lage, dieselben Dinge zu tun, wussten beide über alles genau Bescheid. Natürlich hatte jeder von uns auch seine bevorzugten Gebiete, und wir kannten gegenseitig unsere Stärken und unsere Schwächen. Diese zu respektieren war das Wichtigste, und, so glaube ich, das war auch das Geheimnis dieser Freundschaft.

Aber sagen Sie – stoßen Sie nicht immer wieder auf Probleme, bei Ihrer Größe? Sie sind ja weit über zwei Meter...

Zohner: Es gibt schon ein paar Probleme. Das weitaus größte sind Hotelbetten, die unten am Fußende nicht offen sind. In solch einem Bett kann ich nicht schlafen. Die Leute sagen immer wieder, ich solle diagonal schlafen. Aber das macht keiner. Das tut man nicht, wer weiß warum? So werfe ich dann schon einmal die Matratze auf den Boden und schlafe dort.
Und, ich kann mir nicht einfach eine neue Hose kaufen, wenn meine kaputt ist, oder ein Paar neue Schuhe. Schuhgröße 52 gibt es weit und breit nicht, und so musste ich das gut im Voraus planen.

Wie haben Sie die Automobilfabrik TATRA 1947 dazu gebracht, Ihnen ein Auto für Ihre erste Weltreise zur Verfügung zu stellen?

Zigmund: Wir hatten beide gerade unser Studium als Wirtschaftsingenieure beendet, und unsere Idee war, das beste Automobil der damaligen Zeit, den TATRA T 87, weltweit zu vermarkten. Wir waren also sozusagen als Vertreter der TATRA Automobilwerke unterwegs und haben als solche Kontakte zu potentiellen TATRA-Importeuren in den verschiedensten Ländern hergestellt. Kontakte, die durch den zweiten Weltkrieg unterbrochen worden waren. Erst dann hat sich herausgestellt, dass wir fähig waren, gut zu schreiben, gut zu fotographieren, zu filmen und so weiter, und so hat sich unsere Reise, aber auch das Ziel unserer Reise, entwickelt, verändert.

Zohner: Und Ihre erste Abreise damals war ein eher privates Ereignis?

Zigmund: Ja. Als wir 1947 vom Prager Automobilclub abgefahren sind, sind etwa zwanzig Freunde gekommen, um uns zu verabschieden.
Ganz anders dann 1959, als wir zu unserer zweiten Weltreise in Richtung Asien aufgebrochen sind. Schauen Sie sich das an!

> Herr Zigmund reicht mir ein Foto, auf dem tausende Menschen auf dem Wenzelsplatz in Prag den Kleinlaster der Abenteurer umringen.

Die Polizisten haben uns damals zugeschrieen: "Nun fahren Sie schon ab nach Asien, Sie blockieren den Verkehr in der ganzen Stadt!"

Interview Miroslav Zigmund

Zohner: Haben Sie nicht manchmal das Gefühl, dieser Drang zu reisen sei eine Krankheit? Wie ein Virus, das einen befällt und nicht mehr loslässt?

Zigmund: Nein. Das ist keine Krankheit!

Zohner: Aber die anderen Menschen schauen einen manchmal an wie einen Aussätzigen. Wie einen Anormalen, der, wenn er wieder seine Koffer packt, seinen krankhaften Phantasien nachgibt...

Zigmund: Herr Zohner- DIESE Menschen sind krank!

Zohner: Und das Atlas-Lesen? Ist das auch keine Krankheit?

Zigmund: Was gibt es Schöneres?! In meiner 'Den', meiner Räuberhöhle dort oben habe ich ungefähr fünfzig verschiedene Atlanten. Fast jeden Abend studiere ich sie. Und wie viele Reisen habe ich dort schon unternommen, auf dem Sofa, unter der Lampe... Das ist mein Leben. Ihres auch.

Zohner: Wonach, würden Sie sagen, haben Sie gesucht, als Sie zu Ihren großen Reisen aufgebrochen sind?

Zigmund: Schwer, in wenige Worte zu fassen. Nach der Freiheit sicherlich. Nach dem Abenteuer. Nach dem Erleben. Und Sie? Was ist Ihre Suche?

Zohner: Zunächst dachte ich, es gäbe viele Punkte, die ich finden wollte, Fragen, Gedanken, etwas Spezifisches. Antworten. Aber jetzt, wo ich schon ein paar Monate unterwegs bin, merke ich, dass ich in Wirklichkeit nur eines gesucht habe: Das Reisen selber. Dieses Leben.

Zigmund: Genau! In Wirklichkeit geht es darum. Alles Andere sind nur Nebensachen.

Zohner: Ich werde immer wieder gefragt, ob ich nicht manchmal gerne einen Bus nehmen würde. Aber diese Frage kommt mir vor wie aus einer anderen Welt.

Es geht ja gerade nicht ums Ankommen, sondern um den Weg zum Ziel.

Zigmund: Ja, das Reisen ist der Weg. Je langsamer man ihn zurücklegt, desto mehr gibt er einem. Je schneller, das Extrembeispiel ist das Flugzeug, desto unwichtiger wird er. Das Reisen verschwindet in Wirklichkeit. Man steigt an einem Flughafen ein, an einem anderen wieder aus, aber die beiden ähneln sich so sehr, dass es keinen Unterschied mehr macht. Man hat die Reise nicht erlebt. Man ist woanders. Aber ärmer. Nicht reicher. Man ist also, in Wirklichkeit, nicht gereist.

Zohner: **Glauben Sie, dass der Drang zu reisen etwas mit dem Mann-Sein, mit Männlichkeit zu tun hat?**

Zigmund: Meine erste Antwort wäre: Ja. Wahrscheinlich kommt das daher, dass ich selbst ein Mann bin, und dass wir unter Männern gereist sind. Aber ja, ich glaube schon, viele Elemente des Reisens sind männlich. Es hat ja auch berühmte reisende Frauen gegeben. Aber ich glaube, tendenziell neigt eine Frau eher zur Sesshaftigkeit. Wie immer gibt es da keine Regel, aber ich denke, sobald Verantwortung für kleine Kinder ins Spiel kommt, ist eine Frau innerlich sehr viel mehr gebunden. Dann wird das Nomadenleben, zumindest in unserer Zivilisation, problematisch.
Wie alt sind Sie?

Zohner: **Genau halb so alt wie Sie.**

Zigmund: Dann machen Sie jetzt eine Pause, und laufen bald ein zur zweiten Halbzeit.

Zohner: **Ist es Ihnen immer gelungen, täglich Tagebuch zu schreiben? Ich tu mich damit sehr schwer.**

Zigmund: Ja, immer. Manchmal vielleicht erst am darauffolgenden Tag, weil wir spät angekommen waren und hundemüde in die Betten oder Zelte gefallen sind. Aber wenn man das nicht am nächsten oder allerspätestens am übernächsten Tag nachholt, vergisst man zu viel. Besonders, wenn Sie lange reisen. In Asien waren wir fünfeinhalb Jahre unterwegs. Ohne Tagebuch geht das alles verloren, weil die Eindrücke und Erfahrungen des nächsten

Tages den heutigen überdecken. Erinnerungen sind gut, aber auf sie darf sich höchstens jemand stützen, der für zwei oder drei Wochen in Urlaub fährt. Wenn Sie wirklich reisen, müssen Sie Tagebuch schreiben und dokumentieren. Sonst können Sie nachher mit all dem Erlebten nichts anfangen. Heute gibt es ja da viel technische Unterstützung. Sie haben dieses Audiogerät, digitale Kameras - wie machen Sie das?

Zohner: Ich stütze vieles auf diese elektronischen Aufzeichnungen. Mein Weg wird täglich per GPS aufgenommen und in die Schweiz gefunkt. Digitale Bilder haben das Datum und die Uhrzeit eingeblendet, die Audioaufnahmen auch. Das hilft zwar, es ersetzt das Schreiben jedoch nicht wirklich, denn beim Schreiben kommt ja eine Art "kreativer Filter" dazu, der die Dinge festhält und formuliert, die wichtig sind und waren. Und darum geht es ja im Endeffekt. Man kann noch so viele digitale Bilder nach Hause bringen und seinen Computer damit füttern. Aber was nützt das? Es geht ja darum, was mit einem geschehen ist.

Zigmund: Ja, genau. Wir waren damals, es gab noch nicht einmal ein Magnetophon, das zum Mitnehmen geeignet gewesen wäre, gezwungen, alles aufzuschreiben. Notizen zu jeder Filmaufnahme, zu jedem Foto zu machen, sonst hätten wir das ja alles nicht mehr zuordnen können. So haben wir, gezwungenermaßen, unsere Reisen sehr detailliert dokumentiert.

Zohner: Sie arbeiten zurzeit Ihr Material auf, haben gerade ein neues Buch herausgebracht. Geistern neue Reisen durch Ihren Kopf?

Zigmund: Natürlich! Ich träume von nichts anderem! Ich hoffe, ich werde noch einige dieser Träume verwirklichen können.

Zohner: Wohin zieht es Sie am meisten?

Zigmund: Über meine Pläne spreche ich nie im Voraus. Man nimmt sich so selbst die Freiheit, die es braucht, diese Pläne zu entwickeln.

Zohner: Würden Sie sich als einen glücklichen Menschen bezeichnen?

Zigmund: Ja, auf jeden Fall!

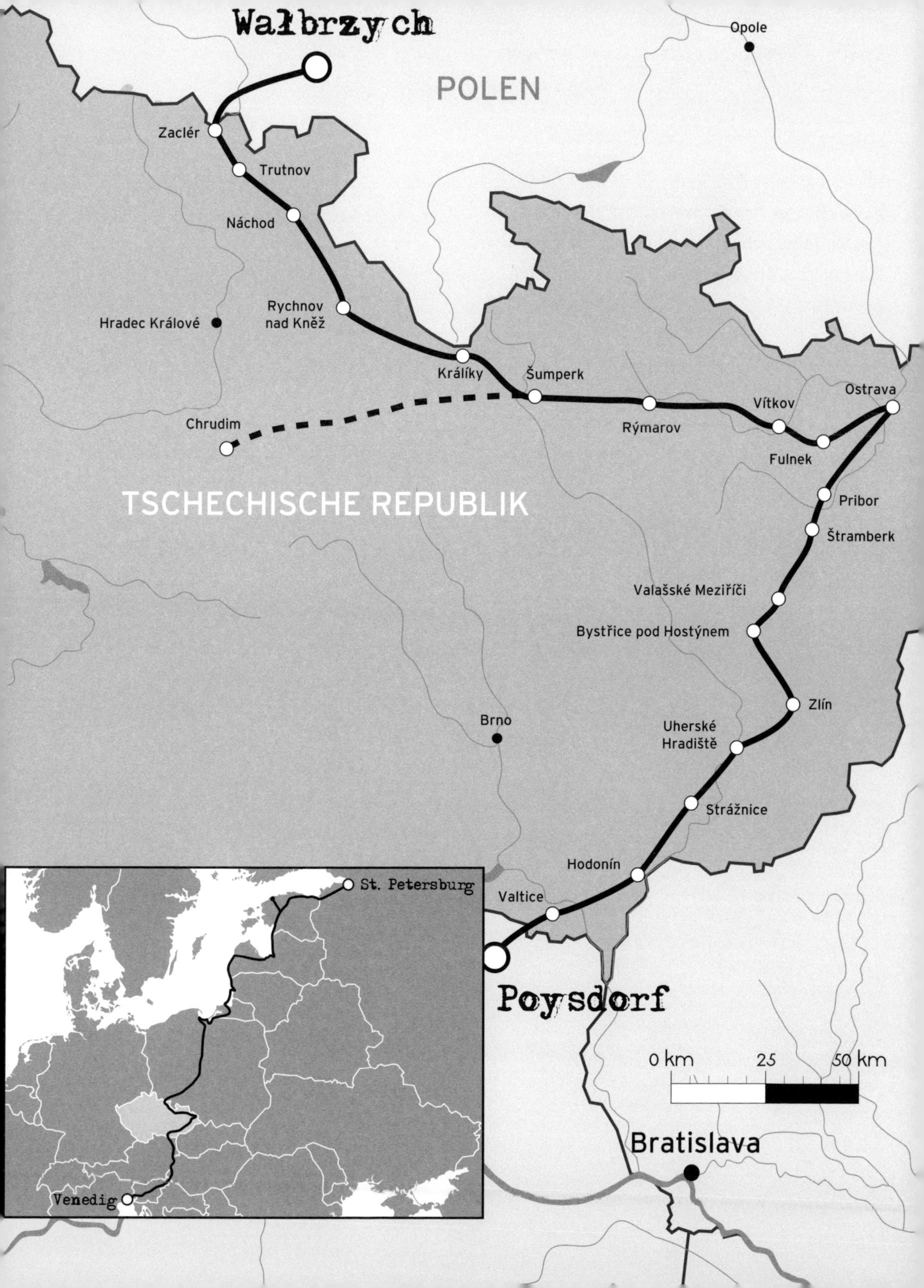
Wałbrzych
Opole
POLEN
Zaclér
Trutnov
Náchod
Rychnov
nad Kněž
Hradec Králové
Králíky
Šumperk
Vítkov
Ostrava
Rýmarov
Fulnek
Chrudim
TSCHECHISCHE REPUBLIK
Pribor
Štramberk
Valašské Meziříči
Bystřice pod Hostýnem
Zlín
Brno
Uherské
Hradiště
Strážnice
Hodonín
Valtice
Poysdorf
St. Petersburg
Venedig
0 km
25
50 km
Bratislava

HOOLIG

GANGS
MAFIA BIELAWSKA
KAKA
BIELAWA
HOOLIGANS

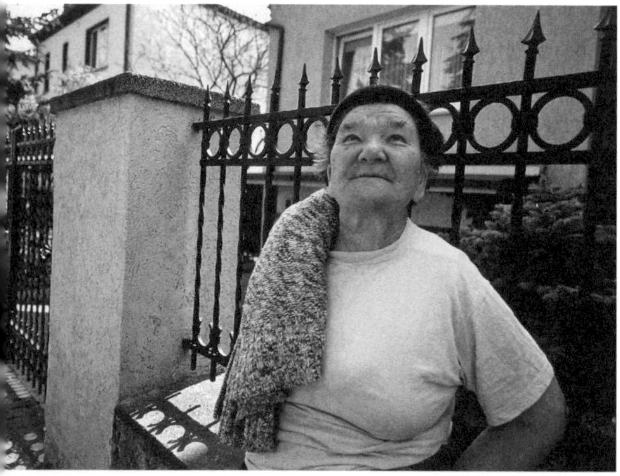

Lubawka / Wałbrzych / Świdnica / Sobótka / Wrołcaw / Mirków /Oleśnica / Poręby / Odolanów / Huta / Ostrów / Kalisz / Russów / Stawiszyn /Janów / Konin / Ślesin / Lisewo / Piotrkow Kujawski / Radziejów / Zakrzewo / Aleksandrów Kujawski / Toruń / Zamek Bierzgowski / Chemża / Stolno / May Rudnik / Grudziądz / Kwidzyn / Sztum / Malbork / Tczew / Gdańsk / Mikoszewo / Stegna / Elblag / Frombork

06_Polen

Soviel Welt auf einmal
von überall Welten: Moränen, Muränen
und Meere und Mähren, Karfunkel und
Funken und Bären und Beeren –
wo stell ich das hin,
und wie soll ich mich wehren?

Wislawa Szymborska, Dichterin

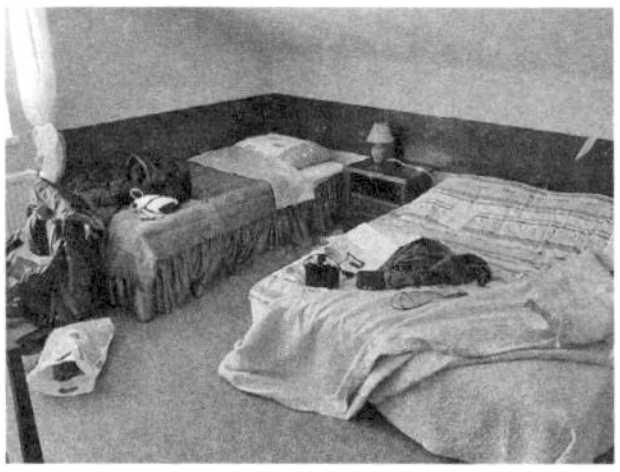

Polen Ein paar Kilometer nach der
ein Pflug, von einem Pferd gezogen
bist gerade erst reingekommen. Das
sehen, es lohnt sich nicht, da jetzt
geht bald unter und bis Lubawka sind
Mal...
Keinen einzigen pferdegezogenen
Polen!

renze, auf einem Acker in der Ferne,
aneben der Bauer. "Na, dachte ich, "du
irst du hier in Polen noch häufig
inzulaufen für ein Foto. Die Sonne
s noch ein paar Kilometer. Das nächste

flug habe ich mehr gesehen in ganz

Denn wo Euer Schatz ist, da ist auch Euer Herz
Wałbrzych–Wrocław, 1.–4. April

Ja, Polen ist katholisch. Die Kirchen sind voll, jeden Abend um sechs. Sonntags stehen die Menschen zum Gottesdienst bis auf die Straße.
Zu Ostern wurde die Messe in Odolanów per Lautsprecher auf den Friedhof übertragen, der die Kirche umgab, und den sich so die Toten für einen Moment mit ebenso vielen Lebenden teilen durften. Seit ich durch Polen wanderte, war Sommer. Die Sonne brannte herab, und die Kirsch- und Apfelbäume kamen gar nicht hinterher mit dem Blühen. In Wałbrzych (Waldenburg) traf ich nach 35-kilometerlangem Marsch ein, und war froh, bei Einbruch der Dunkelheit endlich in die Stadt und damit in ein Hotel zu kommen.
Doch weit gefehlt! Zwar fanden sich am Ortseingang Aldi und Billa und wie-sie-alle-heißen, drei Funktelefongeschäfte am Hauptplatz, Banken, Restaurants – aber es gab hier kein Hotel! Nicht dass die Vorhandenen voll gewesen wären, nein, es waren einfach keine vorhanden. Ungläubig ging ich von einem Restaurant zum nächsten, fragte hier und dort, bis sich endlich ein Kellner meiner erbarmte, sich den Mantel überzog, mit mir aus der Stadt hinaus in den Wald hinaufspazierte und mich zu einer seltsamen Herberge führte mit einer kugelrunden Herbergsmutter, die mir kichernd und glucksend den Schlüssel zum Zimmer mit dem größten Bett gab und dabei versicherte, in diesem Bett hätte sogar sie noch neben mir Platz. Doch alles ging gut, und ich konnte anderntags unversehrt aufbrechen in Richtung Wrocław (Breslau).
Breslau eine blühende Stadt voll junger Leute, mit einem pittoresken Stadtkern. Im Krieg war die Stadt zu 65-80 Prozent zerstört worden, doch die Altstadt wurde nach den alten Plänen und Bildern wieder aufgebaut, sodass heute kaum noch etwas von der Verheerung zu sehen ist. Der richtige Ort für ein paar Tage Verschnaufpause nach den vergangenen intensiven Wochen der Wanderung: Turmbesteigungen, Museums- und Kirchenbesuche; reichliches Essen in der Universitätskantine und Flanieren die Oder entlang und über die 112 Brücken, die die zwölf Inseln miteinander verbinden, auf denen Breslau erbaut ist.
Wie immer nach einer Pause ist auch hier der Aufbruch wieder schwer, doch mit ausgeruhten Beinen und frischem Geist geht es glücklich voran. Die Menschen sind außerordentlich freundlich hier, in den Dörfern, die ich durchkreuze, werde ich mit Handschlag begrüßt, doch nicht als Fremder, sondern zunächst als Einheimischer, bis ich dann zugeben muss, dass meine Sprachkenntnisse früh zu Ende sind. Doch freudig wird schnell ein Nachbar herbei-

gerufen, der in Deutschland oder England gearbeitet hat, und so finde ich mich immer wieder inmitten einer Gruppe von Männern wieder, erzählend, lachend, zuhörend und staunend, an Gartenzäunen oder vor den winzigen Lebensmittelgeschäften, die das soziale Zentrum dieser verlorenen Nester bilden.
Ich glaube, der tiefe Katholizismus ist so etwas wie Balsam für dieses Land. Eine innere Ausgeglichenheit nimmt man allerorts wahr, und man spürt, dass sicherlich der Glaube, vor allem aber auch das regelmäßige sich Sammeln und sich Versammeln, um Gottes Willen, den Menschen einen Zusammenhalt gibt, etwas tief Gemeinsames, das unaussprechlich, aber sehr klar das Zusammenleben der Menschen bestimmt und verbindet. Etwas Gemeinsames, das bei uns verloren gegangen ist, einer Beliebigkeit gewichen ist, und zu einer Gesellschaft geführt hat, deren kleinster gemeinsamer Nenner nicht wie hier etwas Wertvolles, etwas Grandioses ist, sondern etwas Kleines, Wertloses, etwas unsagbar Hässliches, Trügerisches und Unheilbringendes: Geld.
"Denn wo Euer Schatz ist, da ist auch Euer Herz", steht bei Matthäus (6/21).
Immer und immer wieder kommen hier die Menschen zusammen, um gemeinsam ihr Höchstes zu zelebrieren, sich zusammen abzuwenden von den Niedrigkeiten des Lebens. Und nach den wahren Schätzen zu suchen.

Unter Engelsfittichen
Oleśnica-Kalisz, 8.-15. April

Nach einer Woche bei Sonnenschein traf ich in Kalisz ein. Oleśnica hatte ich besichtigt, durch Twardogóra war ich nach einer Rast hindurchgegangen.
In einem verfallenden Herrenhaus war mir ein kleines Mädchen mit einer Feder wie eine Lichtgestalt aus einer anderen Welt erschienen.
War über unzählige Felder, durch Wälder und über staubige Landstraßen gewandert. Habe in Jugendherbergen, Hotels und auf Bauernhöfen übernachtet.
In Huta hatte ich eine kurze Osterpause eingelegt, Ostrów Wielkopolski besichtigt, und jetzt in Kalisz nahmen sich zwei Engel meiner an. Führten mich durch die Stadt, auf Pressekonferenzen, zum Stadtpräsidenten. Brachten mich zum Haareschneiden, für das der Friseur, der in seinem Kittel blendend weiß schien wie ein himmlischer Geist, keinen Groschen von

mir nehmen wollte, als er meine Geschichte hörte: "Es ist mir eine Ehre!", wiederholte er immer wieder, als er mir die Hand zum Abschied schüttelte, und ich stammelte völlig verdutzt, zurück: "Ganz meinerseits, ganz meinerseits!". Gar eine Beinmassage hatte die Stadt für mich organisiert, das bisher bestdurchdachte Geschenk während meiner Reise.
Kalisz rühmt sich, die älteste Stadt Polens zu sein, da sie bereits 150 n. Chr. erstmals urkundlich erwähnt wurde: Der alexandrinische Geograph Claudius Ptolemäus benennt Calisia in seinem Werk "Geographia" als einen von Vandalen bewohnten Ort. Seine intensive römische Besiedlung hat Calisia seiner idealen Lage an der Bernsteinstraße zu verdanken.
Kalisz hat eine bewegte Geschichte hinter sich: Auf seine Blütezeit im 15. und 16. Jahrhundert folgten in den beiden darauffolgenden Jahrhunderten große Brände, die die Entwicklung der Stadt zurückwarfen. Der schlimmste Brand wütete 1792 und legte die ganze Stadt in Schutt und Asche. Ab 1815 gehörte Kalisz zum Königreich Polen und erblühte zu einem wichtigen Verwaltungs-, Wirtschafts- und Kulturzentrum. Noch einmal zu 95 Prozent zerstört wurde Kalisz im August 1914 durch die preußische Armee. Sein Wiederaufbau in den 20er und 30er Jahren war ein enormes Unterfangen und hat der Stadt ihr heutiges Aussehen gegeben.
"Was war wohl das wichtigste Ereignis für Kalisz?" fragt mich Dorota, der blonde meiner beiden Engel hier. Ich zögere. "Der Besuch von Papst Johannes Paul II. am 4. Juni 1997 während seiner fünften Polenreise! Schau, die unzähligen, ständig brennenden Kerzen vor seinem Denkmal!" Ja, für die Polen ist Johannes Paul II. längst ein Heiliger, da ist es ganz unwichtig, was Rom dazu meint, und er ist hier mit Abstand die wichtigste Figur des 20. Jahrhunderts.
Die so freundliche und warme Beziehung der Menschen zu diesem Mann ist beeindruckend, und wieder merke ich, wie viel Vertrauen und Kraft der Glaube ihnen gibt, wie stark er sie vereint.
Nachdenklich ziehe ich wieder von dannen, vermeine noch, das Rascheln von Flügeln zu vernehmen, als ich die Stadt verlasse. In Richtung Norden, über die Dörfer, die Felder, die Wälder, durch dieses Polen...

Polen, Lektion in jüngerer Geschichte
Konin, 21. April

Durch Polen gehen, heißt auch, durch den Abgrund deutscher Geschichte steigen.
Konin und das Gebiet des Kreises waren von September 1939 bis zum Januar 1945 unter deutscher Okkupation. Das Gebiet des Kreises war ein Teil des Territoriums, das in das III. Reich eingegliedert wurde, anfänglich im Rahmen des Reichsgaus Posen und später als Reichsgau Wartheland.

Der organisierte Massenmord wurde auch hier in und um Konin entwickelt und erprobt. Julius Ancer, Überlebender des Holocaust:
"Am 1. September 1939 wurde Konin von der deutschen Luftwaffe bombardiert. Zwölf Tage später wurde die Stadt von den Deutschen besetzt. Ein paar Tage später begann der Terror: Die Gestapo verhaftete zwölf bekannte Christen und sechs Juden mit der falschen Anschuldigung, ein deutscher Soldat sei ermordet aufgefunden worden. Die Gefangenen wurden rund um die Uhr geschlagen und misshandelt.
Am 22. September wurden zwei Männer, ein Jude und ein Christ, Mordhai Slodki und Alexander Kurowski verhaftet und auf dem Hauptplatz erschossen.
Am 30. November 1939 erhielten 1.100 der 3.100 jüdischen Bürger Konins den Befehl, sich an verschiedenen Orten zu sammeln. Männer, Frauen, ältere Menschen und Kinder hatten stundenlang im Regen zu stehen und zu warten. Dann mussten sie zum Bahnhof hinuntermarschieren. Sie wurden von den begleitenden SS-Männern misshandelt und getreten. Ein paar Wochen später wurde die gesamte jüdische Bevölkerung von Golina, einer Stadt zwölf Kilometer westlich von Konin, gezwungen, ihre eigenen Gräber zu graben. Sie wurden auf der Stelle erschossen."
Die lange Führung durch die Stadt war, wie jeder Schritt durch Polen, eine Geschichtslektion. Immer wieder frage ich mich, wie es kommt, dass Deutsche heute, nur sechzig Jahre nachdem sie die "Auslöschung alles Polnischen" ausgerufen und sich mit Feuereifer an die Umsetzung diese Parole gemacht haben, derart freundlich und mit so offenen Armen aufgenommen werden. Verzeihen ist eine christliche Tugend.

TATRA
TATRA

UL. MONIUSZKI
33
33
MONIUSZKI
POLSKIE
STOWARZYSZENIE
DIABETYKÓW
O. POWIATOWY
W WAŁBRZYCHU

VAJANGU

ČESKÁ
REPUBLIKA

САНКТ-ПЕТЕРБУРГ
SAINT-PETERSBURG
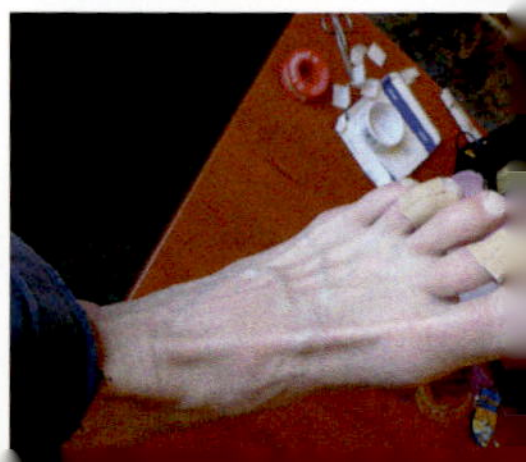

STRETTI
(ERACLEA)

Csákánydoroszló

Jeruzalem

Magyar
Köztársaság

SOLID
Film twórcy
STEP UP
I STEP UP 2
JUST
DANCE

Gefangen in Konin
Konin–Torun, 25. April–1. Mai

Nach einem langen, sonnigen Wandertag (Mittagspause unter blühendem Kirschbaum) kam ich in Konin an, wo ich mit einem Transparent "Welcome to Konin!" auf dem Hauptplatz empfangen wurde. Am nächsten Morgen Pressekonferenz, dann Stadtführung. Konin ist eine Stadt mit 83.000 Einwohnern und am Kreuzungspunkt zweier großer Verkehrswege gelegen: Der Fluss Warta verbindet die Stadt mit der Ostsee, und in west-östlicher Richtung pulsiert die Bahnstrecke Berlin-Moskau durch Konin.
Eigentlich war meine Abreise für den Nachmittag desselben Tages geplant - doch nach einem gemeinsamen Mittagessen zum Abschied mit den beiden für internationale Beziehungen zuständigen Damen, waren die beiden plötzlich der Überzeugung, ich hätte längst nicht genug gesehen von der Umgebung der Stadt, und vor allem das Kloster Binieszew, ein magischer Ort, dürfe nicht übergangen werden. Außerdem sei die Apfeltorte, die hier zum Nachtisch gereicht wird, lächerlich, sie verstünden sich auf viel bessere. "Heute Abend also Essen bei mir!", rief Agata. Flugs war das Hotel verlängert und ich fand mich in bezaubernder Gesellschaft in Parks lustwandeln, mit einem Kamal-Dulenser Mönch das Kloster besichtigen und am Abend mit mehreren Familien zu Abend essen. Was für ein Abend! Und die Apfeltorte: unschlagbar! (Rezept notiert). "Wir verabschieden dich morgen nach dem Frühstück im Hotel!" Doch statt einem "Gute Reise!" sprach Aleksandra, als ich anderntags meinen Rucksack schultern wollte: "Das ist ungerecht! Wir haben gestern bei Agata gegessen, also kommt ihr heute alle zu mir! Kommst du mit uns einkaufen?" und so bugsierte ich wenig später, statt auf der Landstraße zügig in Richtung Norden auszuschreiten, ungläubig grinsend und kopfschüttelnd im Supermarkt überquellende Einkaufswagen zwischen den Regalen hindurch. Die nachmittags in Handarbeit zubereiteten Pierogi Russki (die von mir gefüllten Exemplare unterschieden sich in Form und Aussehen deutlich von denen aus Damenhänden hervorgegangenen): unschlagbar! (Rezept notiert). Ein weiterer zauberhafter Abend in so herzlicher Gesellschaft, dass ich mich plötzlich wunderte, nicht schon immer in Konin zu wohnen. Der Abschied anderntags zog sich dann, mit gemeinsamem Mittagessen und über allerlei Gesprächen noch bis zum Nachmittag hin, sodass ich erst spät abends in Ślesin eintraf.
Einige Wandertage später Ankunft in Torun, einer der ältesten und schönsten historischen Städte Polens. Die gotische Altstadt ist UNESCO-Weltkulturerbe, und Nikolaus Kopernikus

der bedeutendste Bürger der Stadt, geboren 1473 in der Ha!Ha! Kopernikusstraße (damals Sankt Annenstraße). Dank seines Hauptwerkes "De Revolutionibus Orbium Coelestium" wissen wir heute, dass nicht wir der Nabel der Welt sind. Das Wetter hier wunderbar, die Stimmung in der Stadt einmalig. Die Sonne kreiste mit der richtigen Geschwindigkeit um die Erde, wie es sich gehörte, was wollte ich mehr. Der richtige Ort für eine kleine Pause...

Der Aufbruch ist immer das Schwierigste
Grudziąz–Danzig, 12.–28. Mai

Geht man erst einmal, so ziehen Landschaft, Zeit und Gedanken an einem vorbei, die Erde dreht sich von selbst unter einem weg.
Man muss nur die Kontrolle behalten bei Abzweigungen, Weggabelungen und Kreuzungen, dann kommt man sozusagen von selbst ans Ziel.
Aber aufzubrechen, loszukommen aus schönen Städten, angenehmer Umgebung und von den süßen Verlockungen des Lebens ist manches Mal ein Ding der Unmöglichkeit. Meine ganze Willensstärke musste ich aufwenden, um mich aus Torun wieder loszureißen, und wenn es auch nicht auf Anhieb gelang, irgendwann ging ich dann doch wieder auf der Landstraße und über die Felder in Richtung Ostsee.
Der Himmel änderte sich jetzt. Plötzlich war sie da, diese unfassbare unendliche Bläue, dieses durchsichtige Firmament voller Wind und schneller weißer Wolken. Auch die Würze der Luft war mit einem Mal anders, und irgendwann tauchten plötzlich die ersten Möwen auf.
Grudziądz zuerst, dann Kwidzyn, Sztum, und schließlich Malbork / Marienburg. Eine malerische Burg am Ufer der Nogat, erbaut vom Deutschen Ritterorden; im 14. und 15. Jahrhundert die größte Burg der Welt und eines der ökonomisch und politisch wichtigsten Zentren Europas.
Stunden um Stunden verliere ich mich in der Hoch-, Mittel- und Vorburg, streife durch den Hochmeister-Palast, den großen Remter mit seinem herrlichen Gewölbe, einstmals Schauplatz ausladender Bankette und Festivitäten, steige auf den Hauptturm und blicke Ewigkeiten über die Stadt hinaus in die Landschaft.
Dann holt mich Aleksandra Cwalina, Kuratorin der Bernsteinsammlung, im Kapitelsaal ab und führt mich durch die Bernsteinschätze. Der Reichtum des Ordens beruhte nicht zuletzt

auf seinem Monopol auf Förderung und Handel mit Bernstein - bei Verstößen gegen dieses Monopol drohte die Todesstrafe - und so konnte mir Aleksandra wunderbare Stücke aus den verschiedensten Epochen, von der Antike bis in die Gegenwart zeigen.

Zwei Tagesmärsche waren es noch von hier zur Ostsee, wobei der zweite, von Tczew nach Danzig über 45 Kilometer lang war. Das Restaurant des Hotels in Danzig schloss just in der Minute, in der ich eintraf. Und mich noch einmal auf die Socken zu machen fehlten mir, trotz Bärenhunger, nach zehnstündiger Wanderung, einfach Wille und Kraft.

Erschöpft, todmüde und hungrig fiel ich ins Bett, im Vertrauen auf ein ordentliches Frühstück am nächsten Morgen...

Die Geschichte mit dem Hund
Starynia, 27. Mai

Ich komme aus dem Geschäft raus und setz mich auf eine Holzbank, um einen Joghurt und eine Banane zu essen, die ich mir gerade gekauft habe. Kommt er daher. Groß, schön, etwas alt schon. Stellt sich vor mich hin. Schaut mir ins Gesicht. Ich gebe zu, diese Schnauze, diese Zähne, dieser Bau beeindrucken. Was soll ich tun? Ganz leise sage ich zu ihm: "Sitz!". Und er... setzt sich hin. Nicht zu fassen. Er bekommt den Joghurtbecherdeckel. Was für ein Fest! Kaum ist er saubergeleckt, schaut er mich wieder so an. Von Nahem. Fast so groß wie ich ist er (ich sitze). Ich esse den Joghurt schneller als sonst, das gebe ich zu. Dann: "Sitz!", und er kriegt den Becher. Was für eine Freude! Ich habe Glück, die Banane schmeckt ihm nicht. Er geht einen Stein holen und legt ihn mir vor die Füße. Er bellt, dass ich mir vor Schreck in die Hosen mache, obwohl ich weiß, dass er spielen will. Ich kicke den Stein weg, er läuft, kommt zurück, bellt. Wir spielen. Irgendwann stehe ich auf, nehme den Rucksack auf die Schultern, und gehe los. Und er, als ob ich zu ihm "bei Fuß!" gesagt hätte (ich habe es NICHT gesagt!!!), folgt mir. Mit seinem Stein zwischen den Zähnen, natürlich. Wir gehen. Aber... Mein Lieber, du kannst nicht mit mir mitkommen! Und weiter. Einen, zwei, drei Kilometer. Was soll ich tun? Er hat mich gewählt. Aber ich?
Ich kann keinen Hund dabeihaben. Wer trägt sein Futter? Wo soll er schlafen? Der kommt in kein Restaurant, in kein Hotel rein, bei seiner Größe. Ein wunderbares Tier, mein Herz hat er schon geraubt. Ich bleibe stehen, wir spielen mit seinem Stein. Dann setze ich mich auf einen Baumstamm und rufe ihn. Und spreche mit ihm. In aller Ruhe erzähle ich ihm von meiner Reise. Dass ich von Venedig losgegangen bin. Dass ich bald dreitausend Kilometer hinter mir haben werde, alles zu Fuß. Dass ich im Winter aufgebrochen bin, und dass jetzt Sommer ist. Dass ich in zwei Tagen ans Meer kommen werde, ein Wunder, an das ich kaum

glauben mag. Dass ich auf das Visum für Kaliningrad warte (nur für mich!), und dass ich dann weitere zweitausend Kilometer zu Fuß gehen werde, bis nach Sankt Petersburg. Dass ich ihn nicht mitnehmen kann, und dass er auch schon ein bißchen zu alt ist für so eine Reise. Er sitzt nah bei mir und hört mir zu. Bewegt sich nicht. Dann schweigen wir beide. Zugleich stehen wir auf, schauen uns an, und ich gehe los. Er bleibt stehen. Nach einer Weile blicke ich mich um; er steht noch dort. Dann macht er eine halbe Drehung, und geht los, zurück. Ich gehe weiter, und als ich mich umdrehe, sehe ich, dass auch er in einer Kurve stehen geblieben ist und zu mir schaut. Einen Moment stehen wir so, dann gehen wir beide weiter, jeder in seine Richtung.

Noch lange denke ich an ihn, und ich merke, dass ich einen großen Freund gefunden habe, auch wenn wir uns trennen mussten. Oder gerade deswegen.

Ankunft an der Ostsee

Gdańsk, 28. Mai

An der Ostsee anzukommen war so etwas wie ein vorzeitig erreichtes Ziel. Zwei Meere hatte ich zu Fuß miteinander verbunden, war fast ein halbes Jahr lang längs durch Europa gewandert, hatte sechs Länder durchquert. Jetzt ließ ich mich, nach einer eisigen Ostseetaufe, glücklich in den Sand fallen und schaute den Wolken zu, wie sie über die Stadt hinaus ritten auf das offene Meer.

Wenn man heute durch Danzig geht, sieht man kaum noch etwas von den Verwüstungen seit 1939. Proper präsentiert sich die Stadt, aufgeräumt und freundlich, und man braucht Zeit, mehr zu sehen als die in den vergangenen 20 Jahren wiederhergestellte Oberfläche. Die erste schriftliche Erwähnung Danzigs stammt aus dem Jahr 997, seine Blütezeit hatte die Stadt vom 15. bis zum 18. Jahrhundert, nachdem König Kazimierz Jagiellończyk Danzig der Krone einverleibt und - die Verdienste der Danziger Bürger anerkennend - zahlreiche Privilegien verliehen hatte. In dieser Periode, die gemeinhin das Goldene Zeitalter genannt wird, gehörte Danzig zu den reichsten und bedeutendsten Städten in Europa. Danzig war Heimat für Polen, Deutsche, Holländer, Schotten, Franzosen, Skandinavier. Die Stadt hatte den Ruf, tolerant zu sein, und der durch den Handel entstandene Reichtum kam der Förderung von Wissenschaft und Kunst zu Gute.

Mit den Schüssen des Panzerkreuzers "Schleswig Holstein" auf die polnische Stellung auf der Westerplatte begann hier der Zweite Weltkrieg, der die einst blühende Stadt in ein Meer von Trümmern verwandelte. Vierzig Jahre später sprossen mit Solidarność die Keime der Freiheit, die sich durch die Betonplatten des kommunistischen Regimes zwängten, sie auseinanderschoben und so nicht nur das System in Polen zum Einsturz brachten, sondern auch den Impuls gaben für einen Dominoeffekt, der nach und nach den gesamten Ostblock erfasste und schließlich das gesamte Sowjetimperium in sich zusammenbrechen ließ.

Tagelang streiche ich durch die Stadt, gehe durch das hohe Tor, am großen Zeughaus vorbei, besuche das Uphagen-Haus, das Museum für Geschichte der Stadt Danzig im Rechtsstädtischen Rathaus, und die Marienkirche, die größte Backsteinkirche in Europa. Die Nikolaikirche, deren Entstehung bis ins zwölfte Jahrhundert zurückreicht, ist die älteste Kirche der Stadt. Immer wieder finde ich mich bei meinen Erkundungen in der Frauengasse wieder, wo unzählige Juweliere und Galerien Bernsteinschmuck ausstellen.
Ja, und natürlich das Bernsteinmuseum. Stolz nennt sich Danzig "Welthauptstadt des Bernsteins" und verkauft das "Gold des Nordens" nicht nur an die Touristen, sondern zeigt die schönsten Stücke auch in dem im Jahr 2000 gegründeten Bernsteinmuseum. Eine sehr interessante Sammlung, aufbereitet für ein breites Publikum, das freudig strömt. Ich bekomme eine Privatführung und die Erlaubnis zu fotografieren, sodass ich, obwohl ich keine für diese Zwecke notwendige Spezialausrüstung bei mir habe, einen ganzen Vormittag mit den prächtigen, kiloschweren Exemplaren, mit den Inklusen und Schmuckstücken zubringe.
Und dann, ich hatte begonnen, mich an meine tagelangen Streifzüge durch Stadt und Geschichte zu gewöhnen, trifft das Visum für Kaliningrad ein. Eines Morgens wird mir der Kurierumschlag ins Zimmer gebracht und ich weiß, jetzt muss ich weiter.
Ein paar Tage werde ich noch an der polnischen Ostseeküste entlanggehen, dann werde ich dieses weite Land verlassen, das ich in den Wochen meiner Wanderschaft lieb gewonnen habe, und hinüberspazieren nach Russland, in die Enklave Kaliningrad.

Abgründe der menschlichen Seele
Sztutowo, 8. Juni

Von Danzig wollte ich an der Küste entlang in die russische Enklave Kaliningrad spazieren - doch dann stolperte ich, wie schon so oft auf dieser Reise durch Polen, über ein Stück Deutsch-Polnischer Geschichte, und schlug mir wieder die Seele blutig: Das Konzentrationslager Stutthof, 1939 von den Nazis als Sammellager errichtet, wurde Zug um Zug zum Vernichtungslager ausgebaut. 110.000 Häftlinge wurden hier registriert, 65.000 von ihnen ermordet.
Natürlich kennen wir die Geschichte Nazideutschlands und des Zweiten Weltkriegs. Aber wieder und wieder mit der Nase auf die unvorstellbare Brutalität, auf das vollkommen entmenschlichte "Ausrotten allen Polentums", das hier propagiert und immer effizienter vollzogen wurde, gestoßen zu werden, hat mich durch eine Mangel gedreht, die mich nach einem halben Tag geplättet entließ, mit Bauchschmerzen, von denen ich mich lange nicht erholt habe.
Die Asche mit Gebeinen neben den Kremationsöfen, die gelb und grün schillernden Wände der Gaskammer, die Peitschenhiebe, die für "Bibelforscher", "Rasseschänder" oder "Emigranten" vorgesehen waren, die Berge von Schuhen der Ermordeten, der Lagergalgen und das charakteristischste Merkmal des Lagers Stutthof, die Waggons der Schmalspurbahn, die 1944 als "bewegbare Gaskammern" umgebaut worden waren. "Die Gruppe bestand aus 60-70 Frauen, zumeist Jüdinnen. Der Waggon wurde an die Lokomotive angehängt, und fuhr ab. Nachdem der Totenzug zwei Stationen weit gefahren war, kehrte er zurück und kam direkt zum Krematorium." (Bericht von A. Coradello).

Die ewige Frage: Wie kann so etwas möglich sein? Welche Abgründe kennt die menschliche Seele? Was ging im Kommandanten des Lagers Stutthof vor, was in seiner Frau? "Kommandant Hoppe wohnte von 1942-1945 in einer prächtigen Villa. Die Häftlinge - Frauen, die in seinem Haus gearbeitet haben - erzählten, dass sich Hoppe im Familienkreis ganz normal verhielt, nicht nur seiner Familie, sondern auch den Häftlingen gegenüber.
Er war die Verkörperung eines deutschen Bürgers. Seine Frau war sehr häuslich. Sie hat so getan, als ob sie keine Ahnung hätte, was in dem Lager los ist und für welch ein monströses System ihr Mann gearbeitet hat." (Bericht von B. Sruoga)

Doch das System war mit dem Krieg, wie man weiß, nicht am Ende: Kommandant Hoppe wurde nach dem Krieg, im April 1953, verhaftet und 1957 in zweiter Instanz wegen seiner Tätigkeit in Stutthof zu neun Jahren Zuchthaus verurteilt.
Nur drei Jahre später, Ende 1960, wurde Hoppe aus der Haft entlassen und führte ein unauffälliges Leben bis zu seinem Tode im Jahre 1974.

Am späten Nachmittag endlich ging ich langsam zurück durch das "Todestor" hinaus in die Wälder, aber weder die bezaubernde Freundlichkeit der Eintrittskartenverkäuferin, die mir meinen Rucksack aufbewahrt hatte und die mir jetzt, als Antwort auf meine Frage, ob es in Richtung Katy Rybackie ein Restaurant gäbe, kopfschüttelnd ihr Pausenbrot reichte, noch der aufklarende Himmel, der Duft der Nadelwälder oder das mit jedem Schritt zunehmende Rauschen der Ostsee, konnten die Schwermut vertreiben, in die ich versunken war, und aus der ich lange nicht mehr auftauchen sollte.

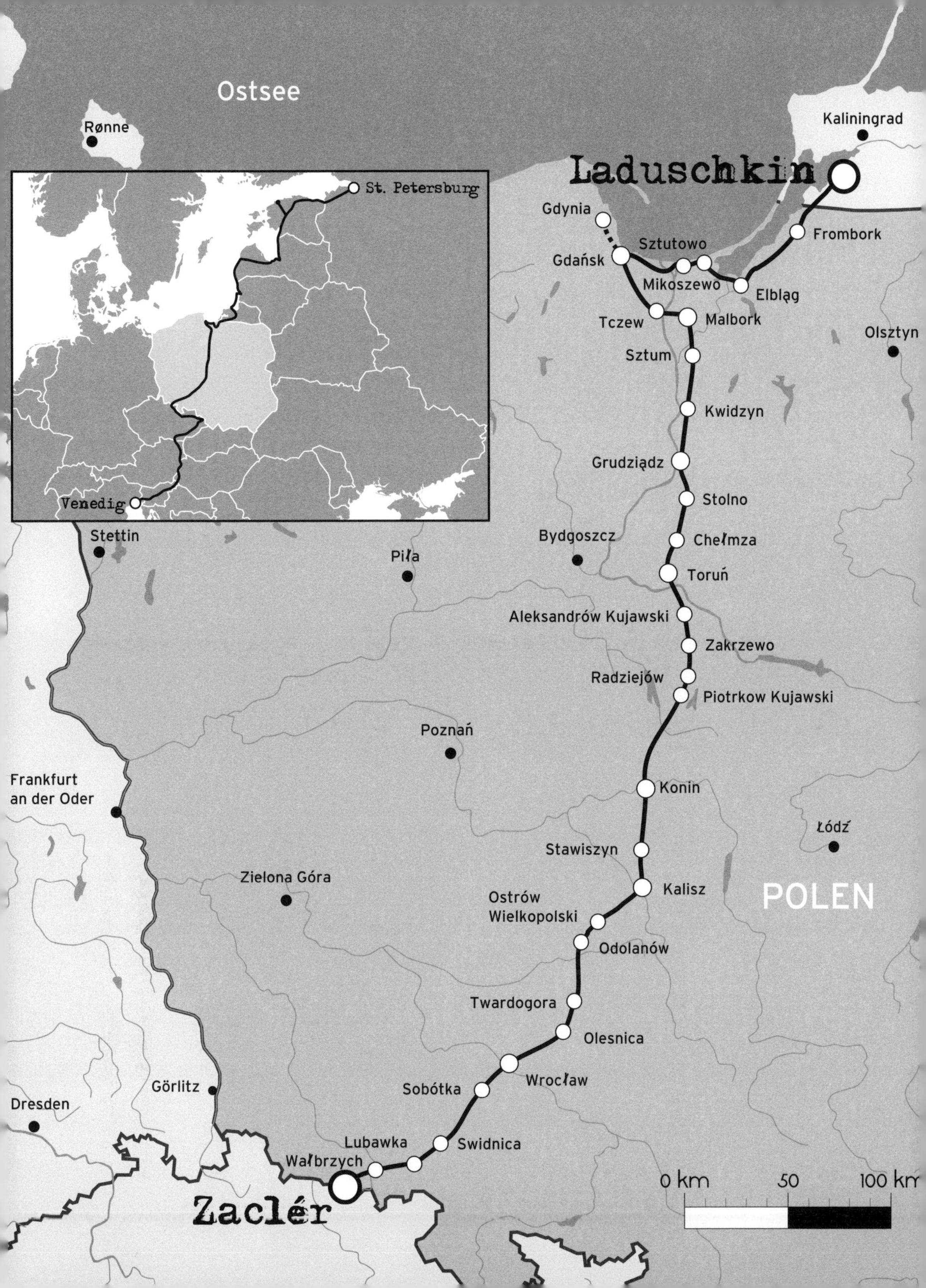
Ostsee
Rønne
Kaliningrad
Laduschkin
St. Petersburg
Venedig
Gdynia
Sztutowo
Frombork
Gdańsk
Mikoszewo
Elbląg
Tczew
Malbork
Olsztyn
Sztum
Kwidzyn
Grudziądz
Stolno
Stettin
Bydgoszcz
Chełmza
Piła
Toruń
Aleksandrów Kujawski
Zakrzewo
Radziejów
Piotrkow Kujawski
Poznań
Frankfurt an der Oder
Konin
Łódź
Stawiszyn
Zielona Góra
Kalisz
POLEN
Ostrów Wielkopolski
Odolanów
Twardogora
Olesnica
Wrocław
Sobótka
Görlitz
Dresden
Lubawka
Swidnica
Wałbrzych
Zaclér
0 km
50
100 km

Laduschkin / Kaliningrad / Zelenogradsk / Rybachiy /

07_Kaliningrad

Alle Naturanlagen eines Geschöpfes
sind dazu bestimmt,
sich einmal vollständig und
zweckmässig auszuwickeln.

Immanuel Kant

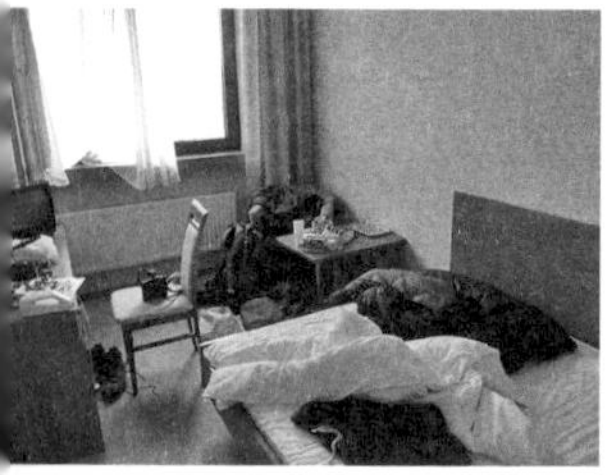

Kaliningrad Hier ist derselbe Strand
hier ist dieselbe Strasse wie in Litauen
dir alles zu: Du bist in Russland! Du

hier sind dieselben Wälder wie in Polen,
und dieselben Felder. Und doch raunt
bist in Russland! Du bist in Russland!

Königsberger Abenteuer
Laduschkin-Kaliningrad-Nida, 11.-18. Juni

Um aus Polen in die russische Enklave Kaliningrad zu kommen, musste ich zum ersten Mal während meiner Wanderung einen Bus besteigen, weil die russische Grenze nicht zu Fuß überquert werden darf. Kurz nach der Grenze wird der Bus von der Polizei angehalten, zwei Polizisten steigen ein und befehlen mir, auszusteigen und mitzukommen. Tadeusz, polnischer Besitzer einer Eisfabrik in Lenowo, der aus Konin die Information bekommen hatte, dass ich darin saß, hatte befreunde Polizisten gebeten, den Bus anzuhalten und mich rauszuholen, weil er mich beherbergen wollte. Großer Schreck für mich, und eindrucksvolle Show für die übrigen Fahrgäste. Eine lange Nacht bei allerlei Getränken und Gesprächen über meine Reise, Vanilleeis und sonstige mir noch drohende Gefahren. Übernachtung in der Eisfabrik. An diesem Tag waren 20.000 Stück Erdbeereis am Stiel hergestellt worden - lange habe ich nicht mehr so süß geträumt.

Am darauffolgenden Tag ging es dann zu Fuß weiter nach Kaliningrad City. Eine nette Dame, die mich, unter einem Baum Schutz vor einem Wolkenbruch suchend, meine Karte lesen sah, sprach mich in russischem Niederrheinisch ("Ich habe drei Jahre in Kleve gearbeitet!") an und erbot sich, mir nicht nur den Weg zum Hotel zu zeigen. Ich konnte gar nicht schnell genug abwinken, da nannte sie mir schon den Preis. "Warum? Sind 150 Rubel für ein bisschen Massage zu teuer?" Was antwortet man da, ohne unhöflich zu sein? Ich küsste ihr die Hand und ging meiner Wege.
1457 war Königsberg Residenz des Großmeisters des deutschen Ritterordens, 1525 Hauptstadt Preußens. Im zweiten Weltkrieg wurde Königsberg schwer bombardiert, dem Erdboden gleichgemacht und schließlich von der Roten Armee erobert. Die überlebenden deutschen Einwohner wurden vertrieben, Menschen aus Russland wurden angesiedelt. Die wenigen deutschen Bauwerke, die wie die Burg des deutschen Ritterordens die Bombardierungen überstanden hatten, wurden von den Sowjets geschliffen in der Absicht, jede Erinnerung an die deutsche Vergangenheit der Stadt auszulöschen.

Heute ist Kaliningrad eine Stadt ohne sichtbare Geschichte. Keine Spur von Königsberg, nicht einmal Königsberger Klopse habe ich irgendwo bekommen, da hat mich auch die erst nach dem Zusammenbruch der Sowjetunion wiederaufgebaute Kathedrale mit dem Grab

Immanuel Kants kaum trösten können. Plattenbauten, Lenin, Regen. Ausflüge an die Küste, Yantarny, die größte Bernsteinförderungsstätte, von weitem gesehen.
Geburtstag im Hotelzimmer bei Champagner, Schokoladenkuchen und anschließender Sauna.
Aufbruch in Richtung Kurische Nehrung. Tagelange Wanderungen am Strand entlang, an Lagune und Ostsee, durch tanzende Wälder und Naturschutzgebiete bis vor die litauische Grenze. Ich wollte es trotz allem zu Fuß versuchen – aber ein freundlicher Russe warnte mich eindringlich: Zwei Kilometer vor der Grenze sei Sperrgebiet und Fußgänger würden von der Polizei aufgegriffen und verhaftet, es sei ihm selbst passiert. Also habe ich schweren Herzens wieder den Bus bestiegen und bin nach Nida, dem ersten Dorf in Litauen gefahren – an der Grenze haben russische Beamte meinen roten Pass wie bei der Einreise 20 Minuten lang geprüft, inklusive Lupe, UV-Licht, hinzugerufener Kollegen und dreifachen Seitenzählens. War dann aber doch in Ordnung. Die Abendsonne schien über Nida, und die beiden deutschen Radfahrer, die mich in Russland dreimal überholt hatten, saßen schon beim Abendessen. Ich ging noch zu Thomas Manns Sommerhaus, wechselte ein paar Worte mit ihm über seine Rosen, die paradiesische Stille und das weiche, klare Licht dieses Frühsommerabends; dann setzte ich mich auf die Mole und blickte auf die Lagune hinaus. Für immer.

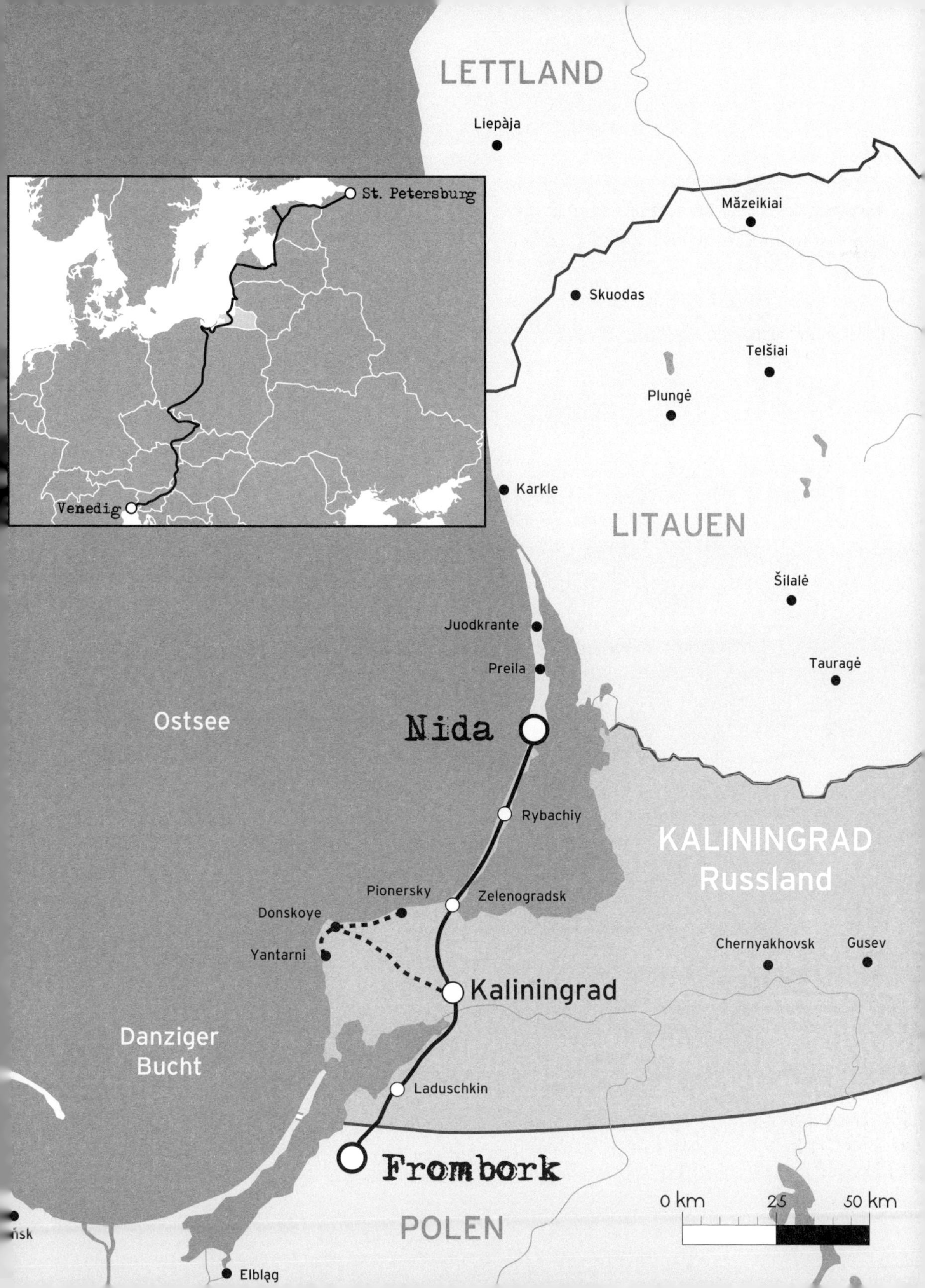

LETTLAND
Liepàja
Măzeikiai
Skuodas
Telšiai
Plungė
Karkle
LITAUEN
Šilalė
Juodkrante
Preila
Tauragė
Ostsee
Nida
Rybachiy
KALININGRAD
Russland
Pionersky
Zelenogradsk
Donskoye
Yantarni
Chernyakhovsk
Gusev
Kaliningrad
Danziger
Bucht
Laduschkin
Frombork
0 km
25
50 km
POLEN
Elbląg
St. Petersburg
Venedig

Nida / Preila / Juodkranté / Klaipeda / Melnragé /
Karklé / Palanga / Šventoji /

08_Litauen

Gott hat uns die Zähne gegeben,
Gott wird uns auch Brot geben.

Litauisches Sprichwort

Litauen Schon oft bin ich mit de
strichen, diesen schräg durchs Mee
gefragt, was das wohl für eine Wel

Finger über die Kurische Nehrung ge-
gezogenen Sandstrich, und habe mich
ist dort. Und genau so ist sie.

Zwischen Wasser und Licht
Nida–Juodkrante, 18.–19. Juni

Die Kurische Nehrung war eines meiner Traumziele dieser Reise – dieser schmale, höchstens zwei Kilometer breite Sandstreifen, der draußen im Meer Kaliningrad und Litauen miteinander verbindet.
Auf der einen Seite Strand zum Festland hin, das an der entferntesten Stelle gerade noch sichtbar am Horizont liegt. Das Wasser der Lagune fast unbewegt, dunkel, in kleinen Wellen schwappt es an die östliche Küste. Auf der westlichen Seite des Dünenstreifens die Ostsee. Dazwischen Wälder, wandernde Dünen, die ganze Dörfer verschlungen haben, unberührte Naturreservate, eine einzige, von Radtouristen und ein paar Autos befahrene Straße.
Ich gehe an der Ostsee gen Norden. Der Wind kommt tagsüber meist von hier, die Farben wechseln vom dunklen Grau über sämtliche Blautöne bis hin zu einem leuchtenden Violett, wenn sich der kristalline Himmel über einer untergetauchten Sandbank spiegelt. Wenn es hier richtig bläst, krachen die Wellen auf den steinharten Sand, bauen Kanäle und fressen Buchten in den Strand, der dann aussieht wie eine von einer riesigen Maus angeknabberte Scheibe Roggenbrot.
Nach einer stürmischen Nacht kann man, wenn man früh aufsteht, hier auch Bernstein finden – kleinere Stücke meist, von den Wellen über Jahre hinweg zerschliffen. Die großen verbergen sich weiterhin im Meer, gut geschützt unter Steinen, vielleicht heute vom Sturm endlich herausgespült, aber nur von geübten Bernsteinfischern mit ihren Netzen aufzuspüren. Immer wieder bücke ich mich, und tatsächlich finde ich ein paar Stücke des fossilen Harzes, und stecke mir das Thema meiner Reise sozusagen in die Tasche, wie ein Wirrkopf unter dem blauen Himmel lachend und tanzend.
Mit bis zu den Knien hochgekrempelten Hosen geht es tagelang barfuß durch den Sand. Keine Menschenseele, dafür Schwärme von Kormoranen, alle Arten von Möwenvögeln, von denen einige immer wieder hinab stoßen in die Wellen, manchmal mit Seegetier im Schnabel wieder auftauchen und versuchen, es unter dem Geschrei ihrer Kameraden noch im Flug hinunterzuschlingen. Meist gelingt es nicht, und ich erzürne über die Ungerechtigkeit, wenn das geschickt erbeutete Fischlein vom Genossen des Fängers verzehrt wird, der es dem Armen in einem atemberaubenden Verfolgungsflug abgejagt hat. Wenn es zu heiß wird, werfe ich mich in die Wellen, nackt wie der erste Mensch, jauchze und sprudle, und lasse mich dann vom Wind trocknen, während ich flache Steine über den Wellenkämmen zum Tanzen bringe.

Man kommt langsamer vorwärts im Sand, das Gehen strengt viel mehr an als auf der Straße, doch mit der Zeit finde ich heraus, wo er am besten zu begehen ist, nicht zu weich, dass nicht zu viel Kraft verloren geht, aber auch nicht so steinhart wie an den Stellen, an denen die Wellen ans Ufer ersterben. Wie eine Hypnose wirkt das ständige Meeresrauschen und der unaufhörliche Wind zur Linken, die Dünen und Wälder zu meiner Rechten, die tief atmend vorbeiziehen, und ich wandle tagelang wie in einem anderen Seinszustand, durchtränkt von Wasser, Wind, Sand und Licht.

Im Herz des Bernsteins
Klaipeda-Palanga, 20.-26. Juni

Die Kurische Nehrung verlässt man mit einer Fähre über das Ende der Lagune nach Klaipeda, für die man als Fußgänger nichts bezahlt. So muss es sein, sage ich mir, und gehe an der Schlange der Auto- und Wohnmobile vorbei an Bord.
Klaipeda ist mit 200.000 Einwohnern Litauens drittgrößte Stadt und wichtigster Seehafen, der das ganze Jahr über eisfrei ist und von dem russisches Erdöl verschifft wird.
In Memel, wie Klaipeda auf Deutsch hieß, lebten zum größten Teil Deutsche, die jedoch durch den Zweiten Weltkrieg und seine Wirrungen vertrieben wurden. Die Stadt selbst wurde zur Hälfte zerstört. Auch wenn das Zentrum mit der Altstadt beschaulich ist und der Hauptplatz vor dem Theater mit seinen Bernsteinständen nur ab und zu von älteren Herrschaften überflutet wird, die von den immer mal wieder hier anlegenden Kreuzfahrtschiffen auf ihrer Fahrt zwischen den "Perlen der Ostsee" für eine Stunde ausgespuckt werden, scheint mir nach der Einsamkeit der Kurischen Nehrung hier reges Treiben zu herrschen.
Zwei Tage halte ich es aus, schaue mir die Fachwerkhäuser aus dem 17. Jahrhundert und den Simon-Dach-Brunnen auf dem Theaterplatz an, statte dem litauischen Meeresmuseum einen Besuch ab, schlendere durch die Straßen und setze mich mit Eiscreme in die sonnigen Cafés.
Aber dann muss ich weiter ins Bernsteinmuseum in Palanga. 1963 gegründet, umfasst das Museum eine der größten Bernsteinsammlungen der Welt. Das Museum residiert in der ehemaligen Villa des Grafen Feliksas Tiskevicius, 1897 erbaut vom deutschen Architekten Franz Schwechten und umgeben von einem zauberhaften botanischen Garten. Über 4.500 Bern-

steinexemplare sind hier ausgestellt, von steinzeitlichen Funden, darunter der in den Jahren 1966-1976 unter der Leitung der Archäologin R. Rimantien ausgegrabene Schatz von Sventoje, über zahlreiche Inklusen mit vierzig Millionen Jahre alten Spinnen, Insekten und Pflanzenteilen, die im Herzen des Bernsteins ihr ursprüngliches Aussehen bewahrt haben, bis hin zu wertvollen Schatullen und Schmuckgegenständen durch die Jahrhunderte. Über zwei Stunden dauert meine Privatführung, und eine weitere Stunde stolpere ich dann mit Kamera und Stativ durch die wunderbaren Räume.
Jeden Samstag von sieben bis neun Uhr ist, nicht ganz leicht zu finden, in einer Ecke des Marktplatzes der weltgrößte Bernstein-Großmarkt. Die 'Erzeuger' der Gegend sowie Großhändler aus Litauen und Kaliningrad verkaufen Bündel von Ketten, Armbändern, Amuletten nach Gewicht an die Einzelhändler - wenn man Bernstein kaufen möchte, bietet sich hier die günstigste Gelegenheit. Bevor die Händler ihre Ware wieder einpacken und den Gemüse- und Obstverkäufern Platz machen, schnappe ich mir noch ein kleines Stück für die Hosentasche, und dann geht es wieder auf Wanderschaft: an der Ostseeküste entlang, stundenlang barfuß durch den Sand.
Plötzlich ein Grenzstein: "Republik Lettland". So unspektakulär und zugleich romantisch habe ich selten eine Grenze überquert. Eine kleine Pause hier, ein Bad in den sanften Wellen, und dann geht es weiter, nach Lettland hinein, in das vorletzte Land meiner langen Reise.

Mažeikiai
Naujoji Akmenė
Skuodas
St. Petersburg
Rucava
Šventoji
Palanga
Karkle
Ostsee
Klaipėda
Venedig
Juodkrante
Preila
Tauragė
Jurbarkas
LITAUEN
Nida
Rybachiy
KALININGRAD
Russland
Kaliningrad
Chernyakhovsk
Gusev
0 km
25
50 km

Rucava /Júrmalciems / Liepaja / Saraiķi / Laikas / Pāvilosta / Labraga / Júrkalne / Édole / Kuldiga / Kabile / Sabile / Matkule / Dzirciems / Tukums / Valguma / Lapmežciems /Jurmala / Riga / Trïsciems /Carnikava / Lilaste / Saulkrasti / Lauči / Tūja / Šķïsterciems / Salacgrïva / Ainaži /

09_Lettland

Söhne der grünen Kiefern,
Ihr Birkenmädchen, so weiss!

Jãnis Rainis, lettischer Nationaldichter

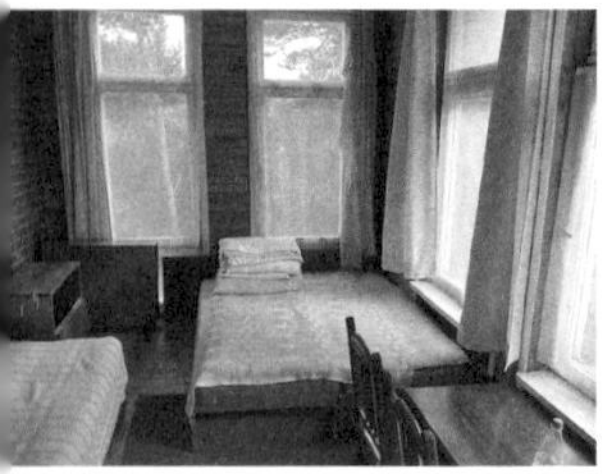

Lettland Tage und Tage barfuss a
dich rufen. Mehr als einmal drehe ich
Kaum besiedelte Landschaftsstriche
Menschenseele zu begegnen.
Dann saugt dich Riga auf. Ich geh
zu orientieren. Wie der erste Mensch
ze in Cafés, lasse mich bestehlen. Ers
er mich ausspeit und in die Wälde

Meer entlang, im Regen. Stimmen, die mich um. Wälder, Wellen, Sand und Möven. Tage einsamer Wanderung, ohne einer

unter in dem Strudel, unfähig, mich schlingere ich durch die Strassen, sit- Langsam komme ich wieder zu mir, als entlässt und ans Meer.

Von Engeln und Teufeln

Liepaja, 1.–4. Juli

Immer weiter ging es an der Küste entlang nordwärts. In Liepaia Rast für ein paar Tage. Eine alte Frau schimpft mich, weil ich für einen Moment meine kleine Kamera unbeaufsichtigt auf dem Stuhl gelassen habe, um mir zum Nachtisch eine Roggenbrotsuppe mit frischer Himbeersoße zu holen. So laut nimmt sie mich ins Gebet, dass alle Leute mit dem Essen innehalten. Sie gestikuliert wild, ihre russischen Worte prasseln auf mich nieder, ihr schönes, faltiges Gesicht wird unter dem gelben Kopftuch zum Dieb, der sich mit zusammengekniffenen Augen anschleicht und blitzschnell die Kamera schnappt.

Alle möglichen Variationen des Raubes stellt sie mir vor, und ich lache und danke ihr immer wieder, glücklich über diese Besorgnis und die laute Wichtigkeit ihrer Worte. Ein Lächeln zum Schluss, dann geht sie. Und obwohl keinerlei Gefahr bestanden hatte für die Kamera, weiß ich, man kann diese Schutzengel gar nicht ernst genug nehmen, und bemühe mich seither, vorsichtiger zu sein. Nicht vorsichtig genug, wie ich bald erfahren sollte.

Einladung auf ein Fischerboot im Hafen von Liepaia - ein zwanzigjähriges Roststück aus Sowjetzeiten, das jetzt für ein paar Tage zur Reparatur hier liegt. Der riesige Dieselmotor und die auseinanderfallende Schale des Kutters müssen überholt und hier und da geflickt werden. Zwei Fischer, Ints und Dainis sitzen in der Kajüte und Egons, der Elektriker. Janis, der Schweißer, hat mich entdeckt, als ich mit meiner Kamera um die schönen bunten Schwimmer der Netze auf dem rostigen Vordeck schlich.

Ein paar Fragen, und schon hakt er mich unter und führt mich in die Kajüte, stellt mich den drei anderen vor und drückt mir ein Bier in die Hand. Die vier haben Feierabend, es ist Freitag, und nach einer ausgiebigen Bootsführung erzählt mir Ints, ein gutmütiger Hüne mit gefährlich tätowierten Oberarmen, vom Leben als Fischer. "Sobald die Meldung kommt, dass draußen irgendwo Fische sind, klingelt das Telefon, und es geht los.

Die Regeln sind einfach: Wir bleiben solange draußen, bis der Lagerraum voll ist. Die Kühlung ist kaputt, deshalb müssen wir vorher Eis bunkern. Gearbeitet wird ununterbrochen, geschlafen nur ein paar Stunden. Netze raus, Netze rein, Fische sortieren, die kleinen zurück ins Meer, die anderen ausnehmen und in die Luke hier. Das Geld ist gut - aber nur, wenn wir voll zurückkommen. Wenn nicht, gibt's nichts. Und für die ganze Wartezeit an Land auch nichts." Die anderen nicken, trinken ihr Bier. Dann steht Janis auf und wirft tiefgekühlte Pelmeni in siedendes Öl. "Zum Bier!" meint er ernst. "Sonst kannst Du nichts trinken!"

"Stimmt's", sagt Ints, "Stalin war schlimmer als Hitler?!" "Nein" sage ich. "Die schmoren beide in derselben Hölle. Wie deine Pelmeni hier. Bis in alle Ewigkeit." "Hast Recht", antwortet er, trinkt, und dann sagt er lange nichts mehr.

Eine Woche noch, dann soll der Kahn wieder flott sein. Janis bemerkt meine zweifelnden Blicke. "Das ist sowjetische Qualität. Hält ewig, nur an die Menschen hat damals niemand gedacht. Schau, wie klein die Kajüte ist, wie eng die Gänge sind. Menschen waren damals nur so etwas wie Treibstoff. Wie es ihnen ging, wie sie lebten und arbeiteten, war egal. Sie waren fürs System da, und beim Entwurf dieses Bootes wurde an alles andere zuerst gedacht."

Wir sitzen, trinken, reden. "Das nächste Mal", sagt Ints schließlich, als wir uns verabschieden, "wenn du wieder vorbeispazierst, kommst du mit uns aufs Meer. Das ist harte Arbeit da draußen, aber gute. Wirst sehen."

Ich gehe noch etwas an der Mole entlang, schaue aufs Wasser hinaus in diese ewige Helligkeit hier. Dann versuche ich mich in den paar Straßen von Liepaia zu verlieren, es will aber nicht gelingen. Es wird einfach nicht dunkel, und alle Straßen führen mich immer wieder zu meinem Hotel – so falle ich viel früher als beabsichtigt in einen Schlaf voller Wellen und Stürme, fahre mit Barents durchs Packeis an Nova Zemlya vorbei, auf der Suche nach der Nordpassage. Wir essen rohen Fisch, trinken Dünnbier, segeln wie die Teufel, und wenn es uns zu sehr friert, drehen wir einfach die Temperatur in der Hölle etwas höher.

Die Dünen von Skede
Skede, 5. Juli

Weiter zwischen Meer und Dünen, wie seit Wochen, barfuß am Sandstrand entlang.
Plötzlich eine deutsche Stimme. "Los, ausziehen, die Kleider hier auf den Haufen! Ein bisschen schneller als sonst, wir haben auch noch anderes zu tun! So, jetzt hier rüber, da an den Rand, ja, in einer Reihe aufstellen, und umdrehen!"
Ich laufe zu den Dünen. Schüsse fallen, und ich sehe, wie zehn nackte Frauenkörper zusammensacken und in die Grube fallen. Hunderte anderer Frauen und Kinder, aufgeteilt in Gruppen zu zwanzig, sehen zu. Sie ziehen ihre Blusen, Röcke, Unterhosen aus, sprachlos. Eine junge Frau mit dunklem Haar sitzt nackt auf einem Kleiderstapel, die Arme vor der Brust verschränkt, und blickt mich an. Hilflos, verzweifelt, vor allem aber ungläubig über das, was hier vorgeht. Der Mensch kann wohl seinen eigenen Tod, auch wenn so augenscheinlich bevorstehend, bis zum Schluss nicht fassen. Dann kommt ein SD-Mann: "Mitkommen!" und führt sie zur Grube. Kinder, die gehen können, werden als Erwachsene behandelt. Die Kleineren sterben in den Armen ihrer Mütter. "Hier aufstellen! Ja, schaut nur runter! Achtung-Feuer!" und wieder sacken die nackten Körper zusammen und fallen nach vorn hinunter in das Sandloch. Die, die nicht fallen, werden von einem lettischen Polizisten, allgemein "Kicker" genannt, in das drei Meter breite und hundert Meter lange Massengrab hinuntergestoßen.
Während eines dreitägigen Massakers bringen hier in den Dünen von Skede vom 15.-17. Dezember 1941 deutsche und lettische Einheiten 2.749 Juden, vor allem Frauen und Kinder um - über die Hälfte der jüdischen Bevölkerung Liepajas. Insgesamt wurden in Skede schätzungsweise 19.000 Zivilisten und 7.000 sowjetische Kriegsgefangene ermordet. Noch in den Siebziger Jahren legte der wandernde Sand Menschenknochen frei.
Ich wende mich ab von diesem Ort des Grauens, doch weder das Rauschen des Meeres, noch der Flug der Kormorane oder die spektakulären Wolken können die Rufe der Soldaten übertönen und die Schüsse, den Blick der jungen Frau verwischen, die mir so geradewegs in die Augen geschaut hat, und dieses plötzliche Zusammensacken der nackten Körper über der Grube.
Erich Handke übrigens, für die "Klärung der Judenfrage" in Liepaia zuständig und für seine außergewöhnliche Brutalität bekannt, lebte nach dem Krieg jahrzehntelang unbehelligt in einer süddeutschen Kleinstadt.

Zitternd über den Wipfeln
Ziemupe-Dzirciems, 7.-15. Juli

Die Bernsteinküste, die ich über einen Monat entlang wanderte, war eine der bislang spektakulärsten Landschaftsstriche meiner Reise.
Tagelange einsame Märsche brachten mich nur selten in Kontakt mit Menschen, und wenn, so waren die Begegnungen ausgesprochen freundlich:
"Hier ist dein Zimmer. Die Küche kannst du benutzen, und wenn du willst, heize ich die Sauna ein."
"Wo finde ich etwas zu essen?"
"Das nächste Dorf ist sieben Kilometer weg, dort gibt es einen Laden."
"Ich bin zu Fuß..."
"Warte, ich bringe dir Kartoffeln, etwas Grünzeug und Quark von zu Hause. Dann heize ich dir die Sauna ein".
Tacitus, römischer Historiker, schrieb 300 v.Chr. über die Bewohner der Bernsteinküste: "Sie verehren die Mutter Gottes und Bilder von Ebern, Zeichen des Aberglaubens. Selten findet man bei ihnen Eisen, häufiger Wolle. Getreide und Früchte bearbeiten sie geduldiger, als man es bei der gewohnten Trägheit der Germanen erwarten könnte. Sie sind die einzigen, die an der Küste Bernstein, 'Glasum' genannt, suchen, der dort zwischen den Ausschwemmungen des Meeres liegt, und ihn an ihre Nachbarn für einen so hohen Preis verkaufen, dass sie sich selbst darüber wundern."
Der Moment kam, mich von dieser Küste, deren letztes Stück ich in strömendem Regen entlang gewandert war, zu verabschieden. Auf der Höhe von Pävilosta bog ich in Richtung Osten ab, um Lettland zu durchqueren und über Kuldiga und Tukums nach Riga zu gehen. Plötzlich traf ich wieder auf ausgedehnte Kiefern- und Birkenwälder, und das Rauschen des Meeres wurde vom Singen des Windes in den Baumkronen abgelöst.
Weizenfelder, Kornblumen und so staubige Schotterstraßen, dass jedes vorbeifahrende Auto eine meterhohe Wolke hinter sich herzieht, wie einen riesigen weißen Wurm, der sich nur langsam auflöst und eine feine, mit jedem Auto dichter werdende Schicht feinsten Staubes auf Haare, Kleidung, Kameras und Gemüt legt.
Ich war froh über jeden Tropfen Regen, der diese Stauborgien ein wenig dämpfte. Dreitägige Rast in der Datscha von Dainis Gaidelis, einem befreundeten Schauspieler, mit dem ich vor 15 Jahren in Riga für mehrere Inszenierungen, darunter die lettische Erstaufführung von

Dürrenmatts "Besuch der alten Dame", zusammengearbeitet hatte. Gemeinsame Ausflüge zur größten Eiche Europas (Umfang: zehn Meter), Freilichtmuseen und spektakuläre Besteigung eines Feuerturms: Ein 35 Meter hoher Eisenturm mit Holzkabine auf der Spitze, in der der Feuerwächter Antons sitzt und schaut, ob es irgendwo im Wald brennt. Keiner der Begleiter, auch nicht Dainis, hat es gewagt, mit hinaufzuklettern.
Noch während ich dies hier niederschreibe, bekomme ich feuchte Hände von der Erinnerung an das Besteigen des Stahlgerüsts, an die fast unerträgliche Höhe und die schwankende und zitternde Holzkabine weit über den Wipfeln der Bäume, in der Antons mir lachend einen Kaffee zubereitete und mir ausgiebig, zwischen Meridian, Fernglas, hausgemachter Wurst und Funkgeräten, die Systematik des Feuersuchens, -erkennens und -meldens erklärte. Eine winzige, einsame, verzauberte Welt hier oben, euphorisches, schwankendes Nichtstun zwischen Erde und Himmel.
Abende am Lagerfeuer, Gespräche über die Kunst und das Leben, doch dann war der Augenblick gekommen – es galt, die lettische Hauptstadt Riga zu erreichen.

Chamäleon Riga

Riga, 22. Juli–2. August

Plötzlich war das Meer wieder da. Jurmala zeichnete sich jenseits der langgezogenen Bucht ab, und doch war es noch ein ganzer Tagesmarsch bis dorthin.
Wieder ging es barfuß den Sandstrand entlang, doch hier war er nicht so wild und einsam, auch findet man hier keinen Bernstein mehr. Algen schwärzen das Wasser und man spürt die zunehmende Nähe der Millionenstadt Riga: Strandbäder mit Bars und Volleyballspielern, badende Familien, Teenager auf Handtüchern mit portablem DVD-Player vor dem Gesicht.

Jurmala, auf einer langgezogenen Halbinsel im Rigaer Meerbusen 25 Kilometer vor der lettischen Hauptstadt gelegen, ist der größte Strandkurort des ganzen Baltikums. 1870 wurde hier die erste Badeanstalt mit warmen Wannen eingerichtet und ich war beruhigt zu erfahren, dass ich mich in den vergangenen Monaten exakt nach den Empfehlungen des damals hier federführenden Arztes Dr. Johann Christian Nordström gerichtet hatte: Er ließ seine Patienten "am Ufer barfuß laufen, im Meerwasser verweilen und physisch aktiv sein."
Es war gut, zu Fuß nach Riga zu kommen - nach den Wochen der Einsamkeit wollte es trotzdem kaum gelingen, mich an den zunehmenden Verkehr, die hastenden Menschen und das Durcheinander dieser weit draußen beginnenden Großstadt zu gewöhnen.
Pause an einer Bushaltestelle, zwölf Kilometer vor Riga. Zwei alte Frauen warten auf den Bus in die Stadt. Wir kommen ins Gespräch, und als sie erfahren, dass ich nicht den Bus nehmen sondern zu Fuß nach Riga gehen würde, erklären sie mich schlichtweg für närrisch. Woher ich kam und was mein wirkliches Ziel war, verschwieg ich wohlweißlich, grüßte und ging lachend davon, die beiden Mütterchen dem Bus und ihrem neuen Tagesthema überlassend.
Riga ist mit Sicherheit die bedeutendste Stadt des Baltikums und gehört zu den schönsten in Europa. Die früheste urkundliche Erwähnung Rigas datiert auf das Jahr 1201, als Bischof Albert, während der Kreuzzüge gegen Livonia, den Grundstein für die Stadt Riga legte.
Für mehrere Jahrhunderte unter der Macht des Deutschen Ordens, fiel es zunächst an Polen-Litauen, dann an Schweden und schließlich 1710, nach der Eroberung durch Peter den Großen, an Russland.

Nach der deutschen Besetzung 1917/1918 folgte am 18. November 1918 die Ausrufung der Republik Lettland mit Riga als Hauptstadt. Mit dem Hitler-Stalin-Pakt vom August 1939 wurde Lettland der Sowjetunion zugeschoben, und im Juli 1940 rollten schließlich sowjetische Panzer durch Riga und besetzten die Stadt.
Ich war das erste Mal 1994 im Rahmen eines Theaterprojekts, einer Zusammenarbeit unserer Compagnie mit lettischen Theaterschaffenden, nach Riga gekommen, drei Jahre nach der Unabhängigkeit. Eine traurige Stadt - die Jugendstilhäuser heruntergekommen, farblos und grau im eisigen Novemberwind, Betrunkene, die in die Hausgänge urinierten, steinerne Gesichter in den überfüllten, ächzenden Trolleybussen. Die Theater, die Probenräume ungeheizt. "Der Besuch der alten Dame" von Friedrich Dürrenmatt, das in Güllen spielt, ist genau das richtige Stück an diesem Ort und in diesem Moment, unsere lettische Erstaufführung ein Riesenerfolg.
Heute erkenne ich Riga nicht wieder. Tagelang schlendere ich durch die Gassen, die Häuser glänzen stolz, die Parks blühen, die Freiheitsstatue hält freudig den Dreistern in die Höhe, Altherrenbands mit blonder Geigerin rocken in großen Biergärten auf den Plätzen, und darüber wölbt sich ein baltischer Sommerhimmel, in dessen unverschämter Bläue sich die Sonne auflöst wie eine Vitamintablette.
Die Pause tut gut, das Leben wird einfach hier, sorglos plätschern die Tage vorbei. Aber dann tut sich ein anderes Güllen auf - Riga ist auch die Sex-Hauptstadt Europas. Flugzeugladungen geiler Engländer, Holländer, Italiener, Deutscher, Österreicher geifern am Wochenende durch Straßen, Bars und Nachtklubs, angezogen von langbeinigen Blondinen und scheinbar billigem Sex.
Aber die Fallen schnappen zu, und so mancher sitzt nachts flennend auf der Polizeistation und stammelt, wie geschickt die Dame ihm auch sein Portemonnaie aus der Hose genommen haben muss, denn er habe gar nichts gemerkt; ein anderer entdeckt auf seiner Kreditkarte ein paar Wochen später Belastungen von ein paar tausend Euro für zwei Bier und sonstiges. Immerhin kann er sich trösten, die enorme Wirtschaftskrise des Landes zu lindern. So wie ich, nachdem mir von einem, der zwar nicht schneller war als ich, der aber seinen Vorsprung ausnutzen konnte, mein teures Telefon gestohlen worden war, das mir als Kommunikationszentrale und Schreibwerkzeug gedient hatte.
Ein paar Tage noch in den Museen, in den Cafés, Begegnungen mit Theaterkollegen, Schreiben, Waschen und Sortieren, dann breche ich wieder auf, hinaus in die Natur, ans Meer, in Richtung Norden, nach Estland.

Ein bisschen Schwund ist immer.
Riga–Ainazi, 3.–9. August

Nach zehn Tagen verlasse ich Riga, ausgeruht, mit gewaschener Wäsche am Leib und gekämmt. Die Filme sind abgeschickt, die Schuhe totgelaufen. Die neuen Schuhe aus silbrigem Schaumstoff lassen mich wie einen Astronauten, der auf einem falschen Stern gelandet ist, durch die Straßen tapsen. Aber ein anderes Design gab es nicht in Größe zweiundfünfzig.
Wieder am Strand entlang, wieder nach Norden. Schilfmoore am Ufer, stundenlange Wanderungen durch den Sand, ohne einer Seele zu begegnen. Seltene Vögel fliegen auf, riesige Möwenschwärme heben in den azurnen Himmel ab, sobald sie meiner gewahr werden. Pause, und der Wunsch, diesen Ort nie wieder verlassen zu müssen. Hier sitzen zu bleiben im Sand, die tiefe Sonne im Gesicht, gesund zu sein, stark, jung, lebendig. Für immer.
Nach ein paar Tagen dann Annäherung an die Grenze nach Estland. Ein ausgezeichnetes Hotel in Ainazi, noch auf der lettischen Seite, mit exquisitem Essen. Wer hätte das gedacht, hier, an einem Ort so fern jeglicher Wirklichkeit? Abendessen mit zwei überaus netten und kultivierten deutschen Faltbootpaddlern, die wie ich staunen über die Qualität der Bewirtung und des Hotels. Lange Gespräche über Freiheit, Frieden und diese Welt, die in Wirklichkeit nie besser war als heute, auch wenn wir Romantiker das gerne verklären.

Einer dieser Abende, die so gut tun, weil sie leicht bleiben, ein freundliches Auge auf das Leben werfen und auf den Ort; die anregen und die Gedanken in Fluss bringen, noch lange danach. Da konnte auch der faschistische Holländer nichts ausrichten, der sein Fahrrad anhielt, als er uns sah, und schwärmte, dass hier alles so sauber sei, weil nur Arier hier lebten, ganz im Gegensatz zu Amsterdam und Rotterdam, wo die Ratten hausten - wegen der vielen Schwarzen. Wir schüttelten alle drei den Kopf, aber der bittere Geschmack auf der Zunge verflog mit dem exzellenten Pfannkuchen, und wir fuhren fort, Reiseerlebnisse auszutauschen. Auf den Raub meines Telefons in Riga meinte Herr Fischer nur schmunzelnd: "Ein bisschen Schwund ist immer." Wissen Sie, dass Sie mir mit diesem Satz sehr gut getan haben, Herr Fischer? Ich denke oft daran, wie wichtig dieses "bisschen Schwund" ist. Das ist Teil allen Handelns, jeder Bewegung, jedes Reisens, und wenn kein Schwund ist, dann stimmt etwas nicht.

Ich zögerte anderntags nach Estland hinüber zu spazieren. Das vorletzte Land meiner langen Reise, danach erwartete mich nur noch Russland. Das Ziel kam sozusagen in Sichtweite und ich spürte, wie ich immer langsamer wurde, als sich die Grenzmole näherte. Fast hätte ich die obligaten Fotos vergessen neben den Grenzschildern und -steinen.

Schon lange war das Reisen zu einem Alltag, zu einem Leben geworden mit seinen eigenen Regeln, so dass es mir gar nichts Besonderes mehr erschien, in ein neues Land hinüberzugehen.

Aber dann rief mir eine innere Stimme zu, die Augen aufzumachen, und plötzlich sah ich und lachte und fotografierte und tanzte ein bisschen, rief laut Worte des Dankes erst in den lettischen, dann in den estnischen Himmel hinein, drehte einige Kreise und torkelte endlich hinüber nach Estland, schwindlig, verwundert, euphorisch und ungläubig.

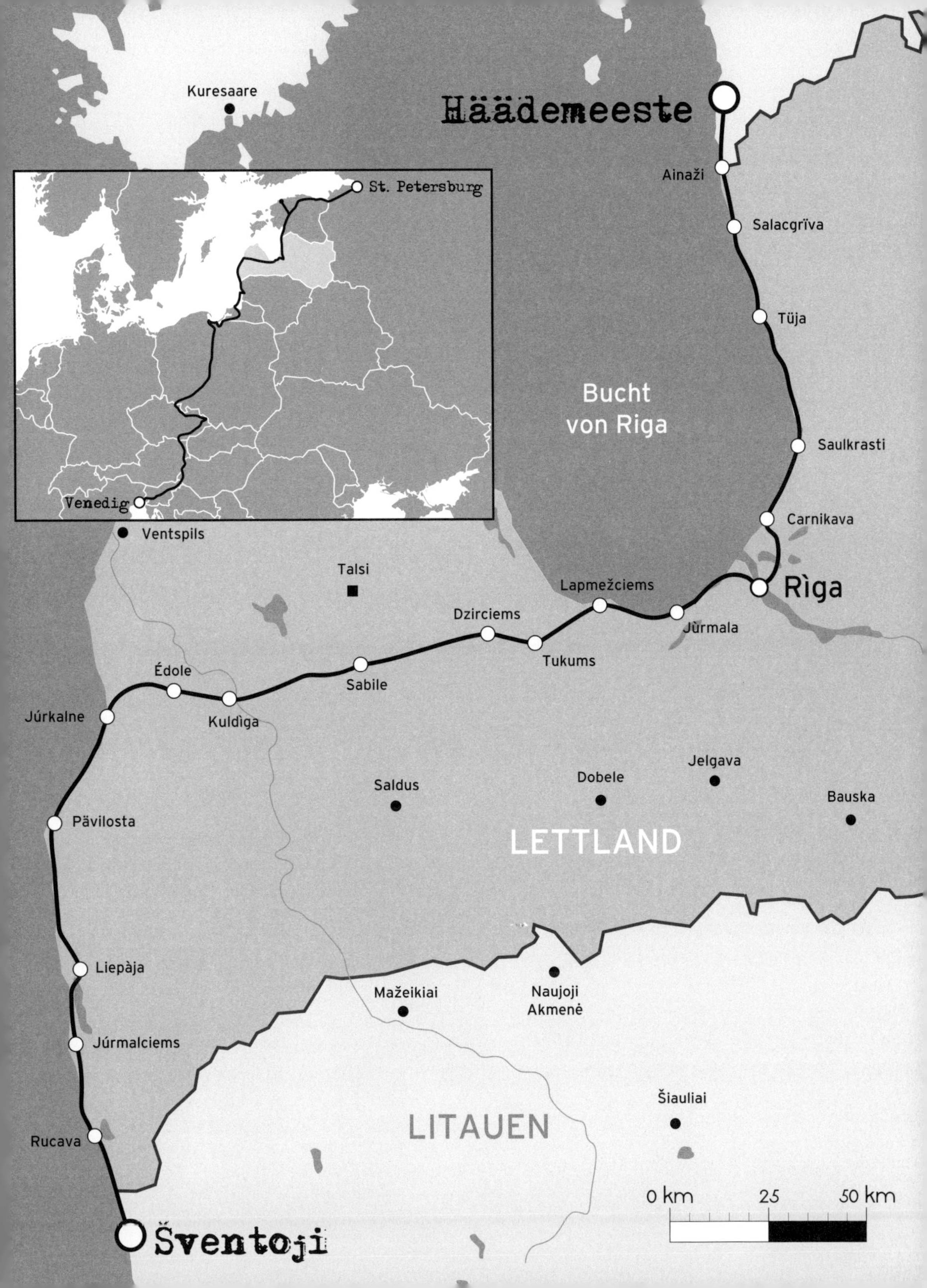

Kuresaare
Häädemeeste
Ainaži
Salacgrīva
Tūja
Bucht
von Riga
Saulkrasti
Carnikava
Rìga
Lapmežciems
Jùrmala
Dzirciems
Tukums
Talsi
Ventspils
Sabile
Édole
Kuldìga
Júrkalne
Pävilosta
Saldus
Dobele
Jelgava
Bauska
LETTLAND
Liepàja
Mažeikiai
Naujoji
Akmenė
Júrmalciems
Šiauliai
LITAUEN
Rucava
Šventoji
0 km
25
50 km
St. Petersburg
Venedig

Häädemeeste /Tahkuranna / Reiu /Pärnu / Paikuse / Tori / Vändra /
Samliku / Türi / Paide / Mäo / Esna / Öötla /Järva-Jaani /Tamsalu / Rakvere /
Viru Nigula /Purtse-Matka / Kohtla-Järve /Toila / Sillamäe / Laagna / Narva /

IO_Estland

Gehn wir, gehn wir, Lustgenossen,
Wandern wir, ihr goldnen Brüder!

Friedrich Reinhold Kreutzwald, KALEVIPOEG

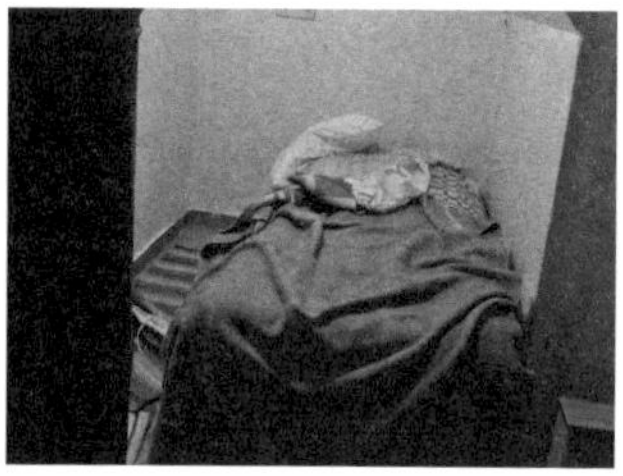

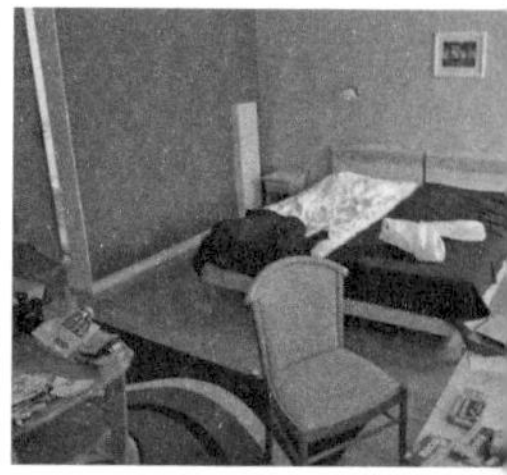

Estland **Baden möchte man in diesen**
und eintauchen in die Birkenwälder

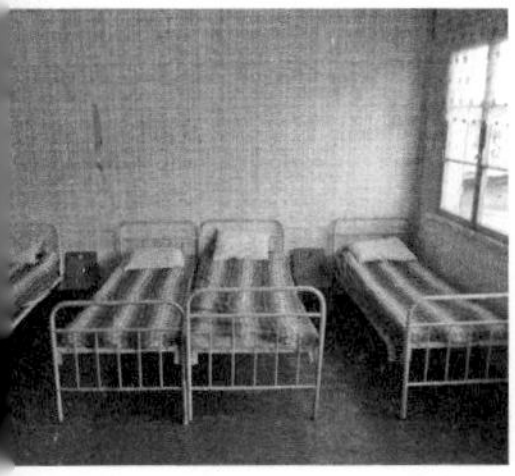
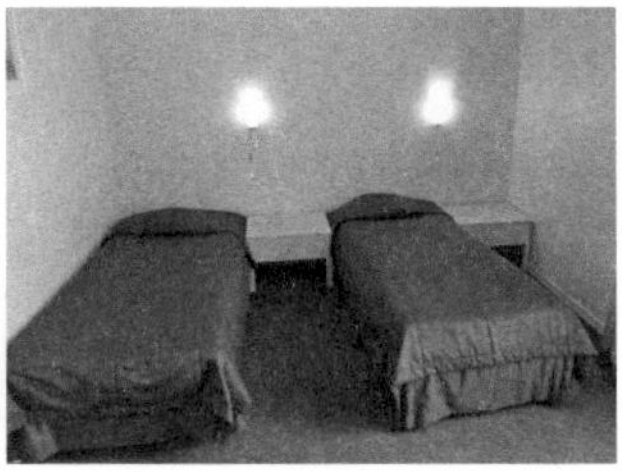

:önenden Licht, laufen über das Meer
:hr Grün austrinken bis zum Grund...

Verborgenes aufspüren
Pärnu, 13.-17. August

Nach einer weiteren knappen Woche erreiche ich Pärnu, die Sommerhauptstadt Estlands. Gegründet 1251 vom Deutschen Orden, wurde 1838, nach wechselhafter Geschichte in deutschen, schwedischen und russischen Händen, hier die erste Badeanstalt eröffnet. Elisabethenkirche, Katharinenkirche, Museum für moderne Kunst.
Das letzte Mal war ich vor zehn Monaten hier, im November 2008, zur Aufführung von Moliere's "Misantroop", dem "Menschenfeind", den ich in Tallin inszeniert hatte und der hier bei einem Theaterfestival im wunderbaren "Endla"-Theater zu Gast war.
"Weißt du, Markus, warum dir Estland so gut gefällt?", hatte mich kurz vor der Aufführung vor ausverkauftem Haus die Direktorin des Tallinner VAT Theaters, Tiina Rebane gefragt. "Estland hat eine Million Einwohner. Und pro Jahr werden in Estland eine Million Theaterkarten verkauft - eine Karte pro Kopf. Das ist mehr als in jedem anderen Land der Welt. Wann kommst du wieder?"
Jetzt stehen hier, statt großer grauer Wolken, die im November wie Tränensäcke über dem Städtchen hingen, lachende Wattebäusche im kristallinen Himmel, und feinster weißer Sand feiert am Strand eine Orgie mit dem unersättlichen Wind, der nimmt was er will, und was erschöpft ist, fallen läßt, um weiterzueilen, zum Nächsten.
Bunte, windschiefe Holzhäuser, einige von ihnen mit verspielten Türmchen und großen, aus vielen quadratischen Scheiben bestehenden Fenstern, die die meergekühlte Lichtluft ins Innere bitten.
Ein paar Tage Pärnu, um Verborgenes aufzuspüren. Dann der unvermeidliche Aufbruch und eine traurige Trennung: das Meer, den treuen Freund der vergangenen Monate verlassen und Estland diagonal durchschreitend in Richtung Paide, Rakvere und Narva gehen. Russland naht.

Vier Kilo frisches Obst
Järva-Jaani, 31. August

Regen hat mich begleitet die letzte Woche. Doch selbst wenn er zeitweise heftig fällt, er hört nach ein paar Stunden wieder auf.

Die Wolkendecke bricht, und irgendwo zwischen hier und dem Horizont macht sich im Hintergrund das baltische Blau breit und schickt ein Lachen vom Himmel herunter. Die Wolken lockern auf, werden heller, bis nur noch ein paar Cumuli wie traditionelle estnische Dekorationen am Firmament aufgehängt sind.

Ich war früh von Pamela und Andrus, den beiden Journalisten, die mich gestern aufgegabelt und beherbergt hatten, aufgebrochen, und ging auf der früheren Eisenbahnstrecke in Richtung Järva-Jaani. Bis in die Siebzigerjahre fuhr hier ein Zug schnurstracks durch die Wälder. Heute sind Schienen und Schwellen entfernt, und der Weg wird nur noch von ein paar Fußgängern und Bauern mit ihren Traktoren, vor allem aber von Autofahrern benutzt, die zu betrunken sind, auf den offiziellen Straßen nach Hause zu fahren. "Pass gut auf!", rief mir Andrus lachend zu, als er mich auf den Weg schickte, "Lass dich nicht überfahren!".

Ich begegnete stundenlang keiner Menschenseele. Auch die Wölfe, von denen Andrus mir vergangene Nacht erzählt und von denen er mir stolz Fotos aus dem vergangenen Winter gezeigt hatte, ließen sich nicht blicken. Mitten im Wald kamen mir dann aber doch zwei Männer entgegen. Sie waren so betrunken, dass sie sich gegenseitig auf den Beinen halten mussten, und ich fragte mich, wie lange sie wohl für die Strecke brauchen mochten, die ich gerade in drei Stunden zurückgelegt hatte. Wahrscheinlich gehen sie immer noch.

In Järva-Jaani fotografierte ich ein schönes Holzhaus. Da kam mir ein dicker Mann auf einem Fahrrad entgegen und sprach mich an. Als ich ihm sagte, dass ich kein estnisch verstehe, sprach er einfach auf deutsch weiter. Er heiße Leo Peldes, habe Physik und Wirtschaft studiert und sei lange Jahre Leiter des Speisesaales von Järva-Jaani gewesen, der werde aber jetzt geschlossen, wegen der neuen Hygienevorschriften aus der EU. Dann hieß er mich ihm folgen, und während er mir seine ganze Geschichte erzählte ("Ich habe Diabetes und meine Frau heute Geburtstag!") und die seiner Kinder ("Meine Tochter ist Notarin in Tallinn und handelt mit Edelmetallen") und Enkelkinder, pflückten wir munter Äpfel, Birnen und Pflaumen von seinen Bäumen, und er entließ mich mit allen guten Wünschen und vier Kilo frischem Obst.

"Morgen ist der erste Schultag, ich muss die Fahne vorbereiten! Wissen Sie, dass nicht mehr gewünscht wird, dass ich die Schule, die Kinder und die Lehrer zum Schulanfang segne?", fragte Katrin Melder, die Pastorin von Järva-Jaani, die mich beherbergte und der ich schließlich das Obst mitgebracht hatte. "Es gibt auch keinen Religionsunterricht mehr. Ich gebe Kunstgeschichte und Philosophie. Der Sozialismus hat den Menschen den Glauben ausgetrieben." Wir sprechen noch lange. Sie führt mich in die wunderbare gotische Kirche des Dorfes und auf den Turm hinauf, zu den Glocken aus dem 15. Jahrhundert, die hell und freudig klingen wie die Stimmen junger Frauen im Sommer. Dann stößt sie die großen Turmöffnungen auf, und wir blicken beide schweigend hinab auf den alten Friedhof und in die weite, estnische Landschaft unter ihrem unbegreiflichen Himmel.

Vom Reisen
Tamsalu, 1. September

Achteinhalb Monate unterwegs, zehn Länder durchquert, über dreitausendsiebenhundert Kilometer zu Fuß zurückgelegt.
Die Menschen bestaunen mich, und wenn ich diese Zahlen lese, staune ich ebenfalls. Doch auch wenn ich die Beine von den heutigen zweiunddreißig Kilometern nach Tamsalu spüre, ist mir dieses ständige Wandern so sehr zu einer Normalität geworden, dass es mir ganz unmöglich erscheint, anders zu leben.
Vorgestern in Öötla, zu Gast bei Pamela und Andrus, habe ich mir immer wieder ihr wunderbares fast hundertjähriges Holzhaus angeschaut, das sie liebevoll Stück für Stück renovieren, bin im Garten umhergegangen zwischen den alten Apfel- und Kirschbäumen und habe der liebenden jungen Frau zugeschaut, wie sie das Essen für ihren soeben geheirateten Mann zubereitet hat.
Als Wanderer träumt man von solch einem Haus, von den Apfelbäumen, die im Frühjahr blühen, im Sommer Schatten spenden, und im Herbst kleine, süßsaure, harte Äpfel hergeben, von der Sauna, vom Kaminfeuer, das den ganzen Herbst und Winter hindurch brennt, von der ständig frischen Wäsche und dem großen, zahmen Hund, der im Garten liegt und das alles bewacht.
Aber er mag noch so sehr davon träumen - niemals würde der Wanderer tauschen wollen. Denn er wüsste, er würde eingehen ohne sein Fortschreiten, wie eine Pflanze ohne Licht, lebendig tot umherwandeln wie die in der russischen Weite verlorenen Gestalten Gogols, Tolstois, Puschkins und Tschechows, die dahinsiechen an einer Art Unterernährung, die sie weder leben noch sterben lässt. Er schnappt sich lieber hier einen Apfel und da einen über den Zaun hinweg, denn mehr als fünf kann er am Tag sowieso nicht essen, und ein eigener Apfelbaum gäbe so viel, dass ihm der Bauch platzen müsste. Und warum ein ganzes Bett kaufen, wenn er doch nur schlafen möchte?
Während in Zentraleuropa Temperaturen um 30 Grad herrschen, ist hier oben in Estland schon der Herbst eingezogen: Kühle Winde durchstreifen das Land, tiefe Regenwolken reiten über die Felder, und wenn die Sonne hervorkommt, bringt sie die sich rot verfärbenden Bäume zum Leuchten. Solange es nicht regnet, ist dieses Wetter optimal zum Wandern.
Je weiter ich fortschreite, desto bedeutsamer scheinen die Tage zu werden, wohl auch, weil eine Art innerer Ruhe eingekehrt ist. Das Ende rückt näher, und so wird jeder einzelne Tag

zu einem eigenen, auf seine Art leuchtenden Ereignis. Der Druck der ersten Monate ist verflogen, ich habe keine enormen Strecken mehr vor mir. Die Handlungen, das Aufstehen, das morgendliche Packen des Rucksacks, das Verlassen der Unterkunft, das Wandern, das Wechseln der Filme, die Ankunft, das Essen, ja sogar das Schreiben und das Zubettgehen werden zu Ritualen, gebettet in eine inneren Ruhe, wie sie aus sich immer wiederholten fernöstlichen Meditationsübungen strahlt.
Nichts fällt mir mehr zur Last, und ich merke, dass dieses Wandern mein Leben geworden ist. Nicht eine begrenzte Erfahrung, die in Sankt Petersburg endet, kein Abenteuer, von dem ich irgendwann zurückkehre. Sondern ein Leben, das nie mehr aufhören wird.

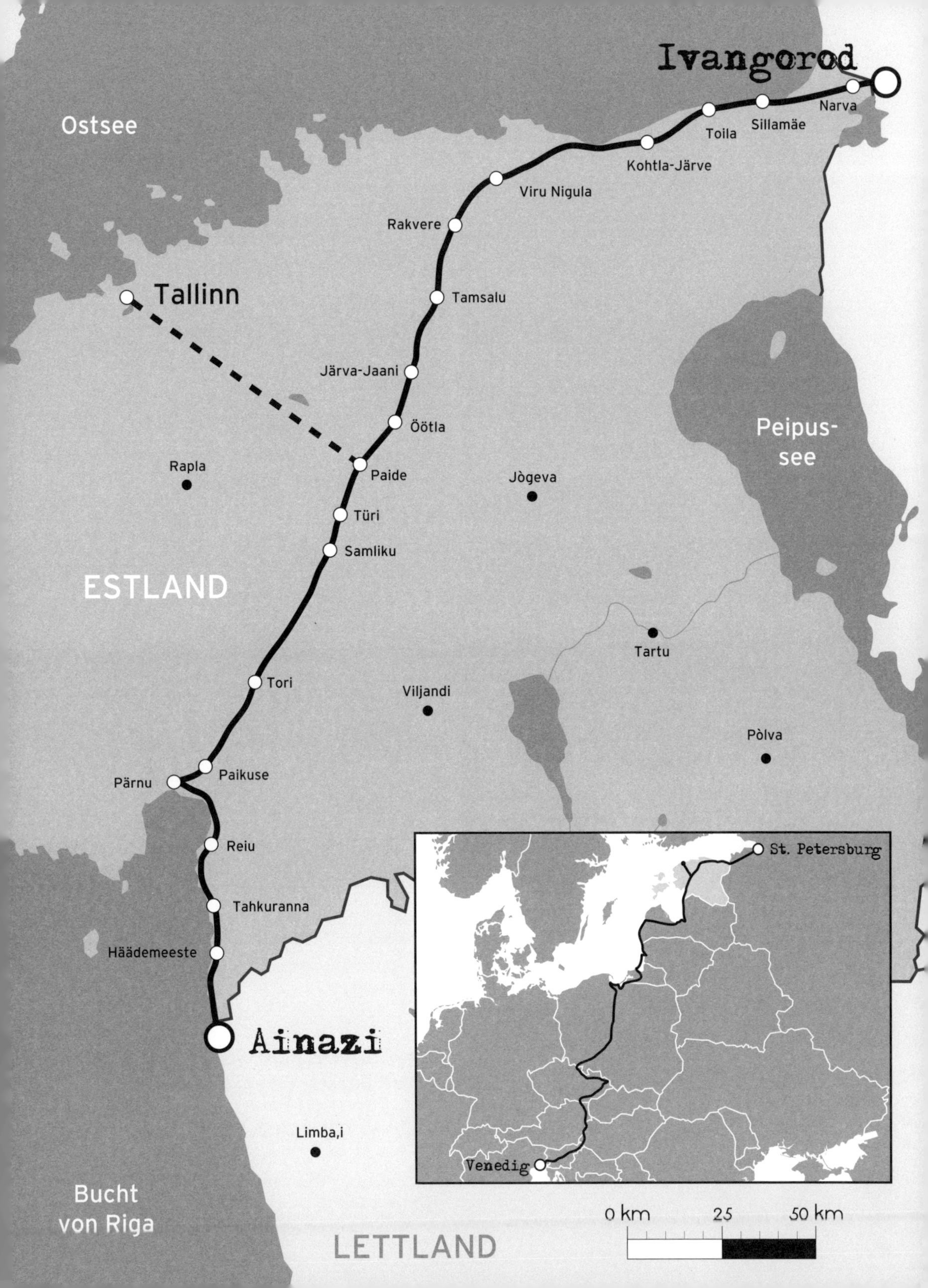
Ivangorod
Narva
Sillamäe
Toila
Kohtla-Järve
Viru Nigula
Rakvere
Tamsalu
Järva-Jaani
Öötla
Paide
Türi
Samliku
Tori
Paikuse
Pärnu
Reiu
Tahkuranna
Häädemeeste
Ainazi
Ostsee
Tallinn
Rapla
Jògeva
Peipus-
see
ESTLAND
Tartu
Viljandi
Pòlva
Limba,i
Bucht
von Riga
LETTLAND
St. Petersburg
Venedig
0 km
25
50 km

Ivangorod / Kingisepp / Bol Ozertitsy / Begunize / Kipen /
Sankt Petersburg

II_Russland

"Warum, mein Lieber,
willst du ihnen ausreden,
mich auf den Ausflug mitzunehmen?",
grummelte die Grossmutter böse:
"ich bin doch ein lebendiger Mensch,
was soll ich zu Hause schon tun?"

Ivan Gonĉarov, Die Schwere Not - Eine Erzählung aus Sankt Petersburg im Jahre 1838

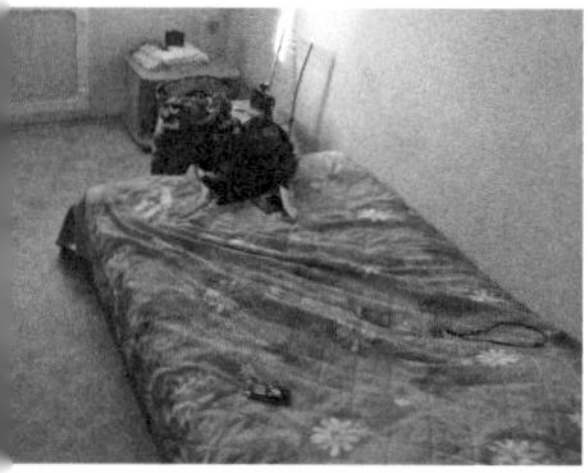

Russland Du gehst zum Bankautomaten.
überquerst, siehst du, wie aus einem
aussteigt und dir folgt. Das Auto fährt
dersehen. Du zögerst, bleibst stehen.
gehst zurück. So offen kann er dir
Auto am Ende der Strasse rechts ab
nächsten Kreuzung erwartet, mit dei
Richtung gehen, dann in ein Geschäft
warten, etwas aufschreiben. Und dann
ruhig.

Nimmst dein Geld. Als du die Strasse
Auto, in dem vier Männer sitzen, einer
los, und du weisst, du wirst es wie-
Du tust, als käme dir etwas in den Sinn,
nicht folgen. Jetzt siehst du, wie das
biegt. Sie hätten dich einfach an der
nem Begleiter. Rasch in die andere
Lange Wasser und einen Apfel kaufen,
aus der Stadt hinausgehen, zügig, aber

In Russland wird alles anders
Ivangorod–Bol Ozertitsy, 13.–15. September

In Russland angekommen.
Anders als in Kaliningrad, wo ich gezwungen war, den Bus über die Grenze zu nehmen, bin ich hier einfach über die Narvabrücke spaziert.
Fünfundzwanzig Minuten hat die Abfertigung gedauert, und das auch nur, weil ich so dilettantisch vorgegangen bin, wie es höchstens einem Urlauber, keinesfalls aber einem Reisenden zusteht: Zuerst habe ich mich bei der Ausreise aus Estland dumm angestellt. Die Schlange stand im Freien, vor einer grauen Baracke. Ich hatte mich schon gewundert, warum einzelne Leute einfach an den Wartenden vorbei hineingingen, ohne gehörig von ihnen zurechtgewiesen zu werden, ja, die wartenden Männer hielten gar den an der Schlange vorbeigehenden Damen mit ihren Taschen die Eisentür auf. Erst als ich an der Reihe war, einzutreten, hatte ich erkannt, dass da drinnen eine freie, einsame Beamtin unter ihrem schönen neuen EU-Schild nur auf mich wartete, während ihr Kollege nebenan mit den ganzen Nicht-EU-Bürgern, die bis draußen standen, völlig überlastet war.
Und dann, jenseits der Narvabrücke bei den Russen, hatte ich keinen Stift griffbereit, um die Einreisekarte auszufüllen. Eine freundliche Dame, die mich hilflos umherblicken und dann meinen Rucksack durchwühlen sah, reichte mir mitleidig den ihren und errettete mich aus der misslichen Lage. Die russische Beamtin hinter ihrer Scheibe jedoch schüttelte kurz darauf missbilligend den Kopf mit dem streng nach hinten gekämmten und dort festgezurrten Haar, blickte mich an wie den miserabelsten ihrer Schüler, zerknüllte einfach mein Formular, holte eine neue Karte heraus und füllte sie nochmals aus. Ich hatte vor Hast und Nervosität vollkommen unleserlich geschrieben.
Alles in allem hatte ich mich an dieser Grenze benommen, als ob ich noch nie einen Schritt vor die Haustür gesetzt hätte. Aber dann war ich plötzlich hier: Ivangorod/Russland, Leningrader Region.
Als ich das Ortsschild sah, wäre ich fast bewusstlos umgefallen. Konnte das wirklich wahr sein? War ich tatsächlich zu Fuß hierher, nach Russland gegangen? Der Grenzübertritt war mir schwer gefallen. Ich hatte beim Anmarsch auf die estnische Grenzstadt Narva das Tempo schon gehörig reduziert, hatte lieber noch einen Tag an der wunderbaren Ostsee verbraucht und noch einen, hatte kleinere Tagesdistanzen gewählt, und von Toila nach Sillamäe bin ich den Weg gleich dreifach gegangen, weil kurz vor Ankunft in Sillamäe der Durchgang

am Strand gesperrt war: Hafengebiet. Links Meer, rechts Klippen, also musste ich alles wieder zurück - um den Weg dann auf der Hauptstraße in der Dunkelheit nochmals zu gehen. Sechsunddreißig Kilometer hatte ich abends auf dem Zähler, anstatt der zwölf veranschlagten.
In Narva angekommen, trödelte ich ein paar Tage durch die Stadt. Schaute mir immer wieder die paar schönen alten Häuser an und die Burg, die direkt am Fluss Narva und genau gegenüber, eine Pfeilschussweite entfernt, von der Burg Ivangorod steht. Die Narvaer Burg wurde vom livländischen Orden vom 14. bis zum 16. Jahrhundert erbaut, und wurde im Laufe der Zeit von den verschiedenen Machthabern als wichtiges Bollwerk gegen Feinde aus dem Osten geführt und durch insgesamt sechs Bastionen erweitert.
Ich zögerte den Grenzübertritt hinaus, so gut es ging, aber je mehr ich zögerte, desto mehr begann mein Herz zu klopfen, wenn ich daran dachte, hinüber nach Russland zu gehen. Hatte ich Angst?
Ich wusste, in Russland wird alles anders. Die Entfernungen zwischen den Dörfern ungeheuer. Keine Nebenstraßen. Kaum touristische Infrastruktur außerhalb der Städte, keine Hotels oder Pensionen zu erwarten; wer weiß, ob ich überhaupt Geschäfte finden würde auf dem Land. Kein Mensch würde eine Sprache aus meinem Repertoire sprechen. Es war keinerlei russisches Kartenmaterial aufzutreiben hier in Estland, und dass es in Ivangorod Landkarten zu kaufen gab, konnte ich nur hoffen. Es war mir, als müsste ich mich mit geschlossenen Augen in ein riesiges Schwimmbecken stürzen, ohne zu wissen, ob Wasser darin war. Doch irgendwann spürte ich, der Moment war gekommen, legte Messer und Gabel beiseite, bezahlte, schulterte meinen Rucksack, ging zu der grauen Baracke und stellte mich in die Schlange. Das russische Abenteuer konnte beginnen.

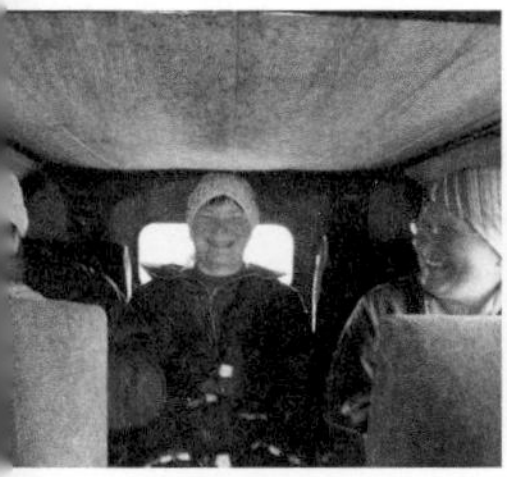   

Kein Russe!
Begunize, 18.–19. September

Rast an einer Bushaltestelle in Russland. Ich bin bereits 36 Kilometer, das heißt über sieben Stunden gelaufen. Laut Karte sind es noch zwei nach Begunize, mein Tagesziel, da es dort ein kleines Hotel geben soll. Zur Sicherheit frage ich einen Herrn, der auf den Bus wartet. "Entschuldigen Sie, wie weit ist es noch nach Begunize?" "Knapp zwei Kilometer." Er blickt mich etwas befremdet an – so häufig laufen hier wohl keine Ausländer herum.
Aber seine Neugier ist stärker, und so beginnt er mich nach dem Woher und Wohin zu fragen. Ungläubig schüttelt er den Kopf, als er meine Geschichte in gestöpseltem Russisch hört. Dann frage ich ihn nach dem Hotel in Begunize, und er antwortet kurz und bestimmt: "Gostylniza? Njet!". Wohl hat er gesehen, wie ich plötzlich blass geworden bin, nimmt sein Telefon aus der Tasche, spricht kurz, und sagt dann zu mir: "Komm mit! Ich heiße Serghei".

Zwanzig Minuten gehen wir nebeneinander her, er erzählt, er sei gelernter Landvermesser, habe viele Jahre in der riesigen Milch- und Fleischsofchose gearbeitet die in der Umgebung von Begunize lag und die jetzt als kleiner Betrieb kaum noch weiterexistiert. Und kurz bevor er anhebt, mich nach meinem Werdegang zu fragen, bleibt er vor einem Wohnblock stehen, unterbricht sich und sagt nur: "Wir sind da!".

Zwei Zimmer hat die Wohnung. Aus der Küche tritt Galina, seine Frau, und empfängt mich mit einem Lachen. "Hier ist das Bad, du kannst duschen, das Essen ist gleich fertig. Du schläfst im Zimmer von Mischa! Er ist noch draußen beim Spielen."
Zum Abendessen gibt es Zucchini mit Kartoffelbrei, dazu Cognac aus winzigen Gläsern. Galya ist Geographielehrerin an der Mittelschule hier in Begunize, Serghei arbeitet in Sankt Petersburg bei einem Einsatzkommando für die Kanal-Instandhaltung. Wir unterhalten uns den ganzen Abend, Gott weiß, wie wir uns verstanden haben!
Dann, vor dem Zubettgehen, sagt Serghei: "Und morgen kommst du mit, Pilze suchen. Natalie und Ira sind auch dabei. Am Abend fahren wir dann auf die Datscha und machen Schaschlik."
Und so war es: Nach einem kräftigen Frühstück ging es zu fünft, mit einem ohrenbetäubend lauten Jeep, in den Wald. Es hatte die ganze Nacht geregnet, so viele Pilze hatte ich noch nie gesehen. Natürlich hatte ich mit Abstand am meisten gefunden, wenn nur Ira nicht alle wieder weggeworfen hätte, weil es die Falschen waren.
"Markus wiegt fast 100 Kilo. Es ist wissenschaftlich erwiesen, dass er einen Liter Wodka trinken kann, ohne gesundheitlichen Schaden zu nehmen: 10 Gramm pro Kilo ist die Formel!", dozierte Serghei später auf der Datscha. "Aber er ist kein Russe!" beschützten mich die Damen und füllten mein Glas sicherheitshalber immer nur zur Hälfte.
Was für ein wunderbarer Tag, was für Menschen! Wir aßen, tranken und lachten bis spät in die Nacht. Iras Sohn, so erzählte sie, ist dreiundzwanzig und Automechaniker in Ivangorod. Vom Heiraten will er nichts wissen, von Kindern erst recht nichts, fügte sie wehmütig hinzu. Natalies Sohn ist Soldat. Panzerfahrer, zurzeit in Tschetschenien. Stolz zeigte sie mir Bilder auf ihrem Telefon, und als er wenig später anrief, erzählte sie ihm ihren ganzen Tag und unseren Abend gleich hinterher.
Am nächsten Morgen wurde ich von allen wie ein alter Freund verabschiedet, und Serghei knatterte mit mir wieder zu unserer Bushaltestelle.
"Wie schön, dass Du uns besucht hast! Bald wirst Du ankommen, und Dein Herz wird brechen. Pass gut auf Dich auf!" Wir umarmten uns, und ich ging davon, nach Sankt Petersburg, das sich schon am Horizont abzeichnete.
Ich hatte Serghei nur nach dem Weg gefragt.

САНКТ ПЕТЕРБУРГ
21. September

Ich war einfach losgegangen, wie jeden Tag in den letzten Monaten. Hatte die Schuhe geschnürt, die Windjacke angezogen, meinen Rucksack geschultert.
Die Kameras hingen an ihren Plätzen und ich hatte mich, wie immer, aufgemacht zu einer neuen Etappe. Natürlich wusste ich, worum es ging. Aber weder konnte ich es glauben, noch wollte ich es wahrhaben, und so schritt ich munter aus.
Es war kalt geworden heute, als ob der Herbst mit einem Tag hereingebrochen wäre. Leichte Regenschauer. Dazwischen blendete kurz die Sonne auf, doch das half kaum, die Temperatur zu heben. Ich versuchte, die Unruhe, die mich in den letzten Tagen immer wieder überkommen hatte, in den Griff zu bekommen. Versuchte, die Landschaft anzuschauen, die letzten Datschen vor der Stadt, die großen, schweren Wolken, die in geringer Höhe über meinem Kopf hingen. Machte Fotos, doch ohne wirklich hingesehen zu haben vor dem Auslösen. Wechselte den Film, aber als die Kamera zu war, konnte ich mich nicht mehr erinnern, welchen ich eingelegt hatte. Der Schnürsenkel an meinem linken Schuh öffnete sich immer wieder, als ob ich im vergangenen Jahr nicht gelernt hätte, ihn kunstgerecht zu binden, und ich musste mich ständig bücken, sodass der Rucksack mir über den Kopf rutschte und mich zu Boden zerren wollte. Doch ich richtete mich immer wieder auf, den Schuh geschnürt, mit rotem Kopf, und begann mein Schrittwerk von Neuem.
Stare, Krähen. Der Verkehr nahm zu.
Laster und Busse bretterten waghalsig an mir vorbei die A 11 entlang, dazwischen ein buntes Gemisch aus schrottreifen Ladas, japanischen Nonames, Wolgas und, je näher ich der Stadt kam, zunehmend deutschen Luxusschlitten. Mitten in den Feldern die ersten Hochhaussiedlungen, zu denen matschige Wege führten.
Der Seitenstreifen wurde schmaler, und ich wich auf die Wiesen neben der Straße aus, um Gefahr und Abgase wenigstens etwas zu mildern. Blieb stehen, verschnaufte. Kaufte mir einen Joghurt und Wasser. Machte Pausen, setzte mich vor die Geschäfte. Ruhte aus. Wovon? Den paar Kilometern? Müde Beine nach zwei Stunden? Hunger? Lächerlich. Dann begriff ich und wusste, ich musste weiter, jetzt gab es kein Zurück mehr, kein Zögern. Zum siebten Mal die Schnürsenkel gebunden, einfach aufgestanden, einfach losgegangen, einfach die Straße entlang, einfach das getan, was ich die letzten neun Monate ständig getan hatte.

Doch plötzlich sah ich es. Es stand am Straßenrand, rechts natürlich, weiß. Ich konnte noch nichts entziffern, war noch viel zu weit weg, aber ich wusste, jetzt kam es. Ich wurde langsamer, hielt inne, stolperte, ging weiter, wagte nicht, die Buchstaben lesbar werden zu lassen. Doch was tun gegen das Unaufhaltsame? Ich schlich, blickte mich um - schau nicht zurück! - ging weiter, und als sich endlich die Buchstaben auf dem Ortsschild abzeichneten, schossen mir Tränen in die Augen und verwischten sie wieder.
Sankt Petersburg. Sankt Petersburg. Sankt Petersburg.
Ankunft am Ort meiner Träume. Ankunft am Ziel der letzten Jahre. Ankunft am Ende meiner Reise. Ankunft nach zweihundertachtzig Tagen Wanderschaft. Ankunft an einem Ort, den es gar nicht gibt. Zwölf Länder durchwandert, viertausend Kilometer weit, und plötzlich ist man einfach da. Geht an einem Schild vorbei in eine Stadt und kann überhaupt nicht begreifen, was das alles zu bedeuten hat.
Natürlich, jedes Ziel ist auch ein Tod. Kommt man an, ist die Reise zu Ende. Und jedes Ziel ist nur so gut, wie der Weg, der uns dorthin führt. In Wirklichkeit ist es der Weg, der den inneren Wert des Ziels beschreibt.
In dieser Ankunft lag meine ganze Reise.
Ist das Ziel das Ende, der Antrieb, die Sehnsucht, der Tod, so ist der Weg der Sinn.

Ich legte den Rucksack ab, setzte mich auf den schrägen Meilenstein neben dem Ortsschild und blickte ins Leere. Ich war tatsächlich angekommen in Sankt Petersburg, unversehrt und gesund.
Die Sonne brach hervor, schüttete ihr baltisches Licht über Straße, Wald und Häuser, und ich blieb noch lange sitzen dort am Rand der riesigen Metropole, schaute den Autos zu und den Staren, die unter Geschrei in Schwärmen in die Stadt einfielen.

ИВАНГОРОД
IVANGOROD
81
ТАЛЛИН
TALLIN

-ПЕТЕРБУРГ
PETERSBURG
35

Die Seele wieder einfangen
Sankt Petersburg, 21. September–13. Oktober

Irgendwann bin ich dann wieder aufgestanden aus meiner Verlorenheit am Grenzstein und bin hineingewandert in die Metropole am finnischen Meerbusen. Fast bewusstlos ließ ich mich einfach verschlucken vom Verkehr, von den Menschen, die von der Arbeit nach Hause hasteten in ihre Wohnungen, zu ihren Frauen und Männern und Kindern, die Plastiktüten voll mit Milch und Brot und Bier. Und Wodka. Lief, bog ab, lief weiter.
Als es dunkelte, warf ich mich auf das Bett mit seinem leopardenfellbemusterten Überzug in einem schmuddeligen Motel in einer endlosen Vorstadt und fiel augenblicklich in einen astralen Schlaf, aus dem mich erst ein paar Stunden später Gerumpel und Gestöhne aus dem Nachbarzimmer holten.
Plötzlich war es eiskalt geworden, als ob der Winter sich lautlos angeschlichen hätte und nun von hinten zubeißen wollte. Erst jetzt musste ich ihn auspacken, meinen Notschlafsack, den ich für eventuelle Übernachtungen unter freiem Himmel bei mir hatte, und war froh um die Wärme, die Dunkelheit und endlich auch um die Ruhe in diesem Etablissement, in dem wohl nur wenige Gäste eine ganze Nacht verbrachten.
Frühstück gab es hier natürlich keines - für wen auch? -, aber am Abend hatte mir die bärtige Alte aus der Öffnung ihrer Bürotür eine Packung trockene Kekse, ein Beutelchen Sofortkaffee und eine Schachtel mit einer gefriergetrockneten Nudelsuppe gereicht. Meine Phantasie reichte nicht aus, mir die Pärchen vorzustellen, die hier in den Bürostunden aufkreuzten, wie die Fräuleins ihren Chefs in den Zimmern anschließend eine heiße Nudelsuppe zubereiteten und wie sie zum Nachtisch zusammen trockene Kekse knabberten. Aber das Schöne an der Welt ist ja, dass sie vollkommen unbegreifbar ist.
Einen ganzen Tag ging ich noch in die Stadt hinein, fand eine Bleibe und nistete mich ein. Anfangs konnte ich kaum aus dem Haus gehen – die Menschen, die hier nur in Massen auftraten, der Lärm und vor allem die tausenderlei Ziele der Hastenden, die Geschäfte, Plakate, Restaurants, Bars, Bettler, alle wollten sie meine Aufmerksamkeit und allen schenkte ich sie, wie draußen in den Wäldern den Vögeln und den Bäumen und dem Wind, den Wellen und den Wolken. Und so kehrte ich vollkommen ausgelaugt von ein- oder zweistündigen Streifzügen durch die Straßen Sankt Petersburgs wieder heim, froh, die Tür hinter mir zu schließen, mich aufs Sofa zu werfen und sehr behutsam zu versuchen, meine Seele wieder einzufangen, die verschreckt und unbeholfen durch Raum und Zeit irrte.

Buchstäblich Schritt für Schritt musste ich mich an das neue Leben gewöhnen, an dieses Ankommen. Man ist ja nicht einfach angekommen, nur weil man an dem Ort ist, den man sich als Ziel gewählt hat. Jedes Ziel ist willkürlich, und was weiß man in Wirklichkeit schon darüber? Jedes Ziel will auch wieder entdeckt sein und erst, wenn man das Ziel zu begreifen beginnt, kann sich der Blick auf den Weg dorthin klären. Im Grunde weiß man erst, wenn man das Ziel entdeckt hat, warum man aufgebrochen ist. Wenn man so etwas überhaupt jemals wissen kann.
Ich merkte jedenfalls, was für ein langer, schmerzhafter, aber auch wichtiger und bereichernder Prozess dieses Ankommen war. Dieses sich Zeit lassen, Tage, ja Wochen sich zu nehmen, hier in Sankt Petersburg, für den Abschluss einer Reise, die, wie jede wirkliche Reise, den Menschen, mich, verändert hat. Nach ein paar Tagen begann ich zu fotografieren, erst Blicke aus meinem Fenster. Dann wurde ich wieder neugierig, strich durch die Straßen, abseits der Massen, an den Kanälen entlang, ging stundenlang am einen Ufer der Neva hinauf und am anderen wieder hinunter, verbrachte Tage in der Eremitage und im Russischen Museum, saß in den Kathedralen, zündete dort Bienenwachskerzen an für die Seelen meiner Lieben, und begriff, dass es in Wirklichkeit ganz einfach war: Ich war hierher gegangen, um hier sein zu dürfen.

963-44-99
915-83-83
водители, администраторы

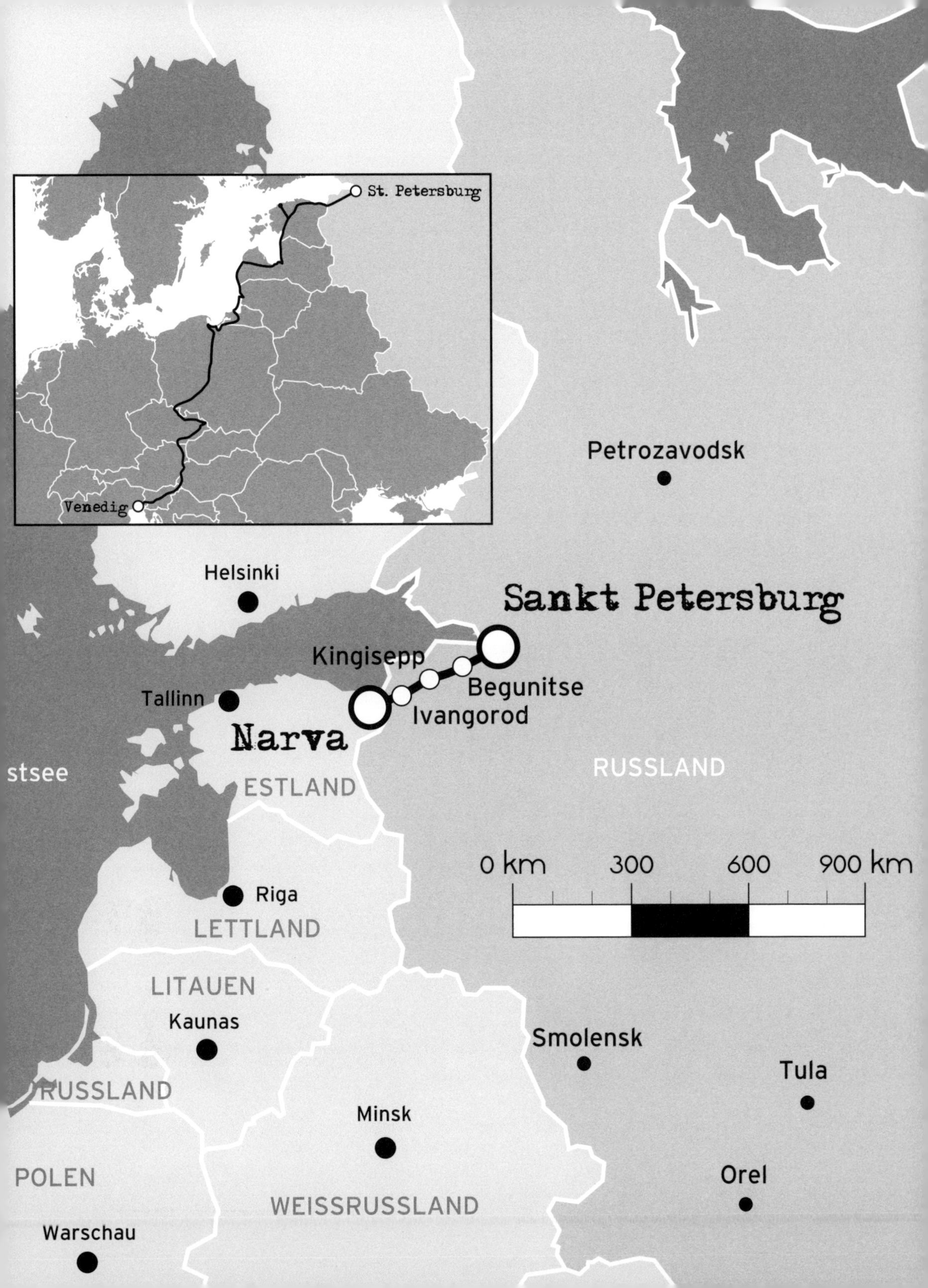

St. Petersburg
Venedig
Petrozavodsk
Helsinki
Sankt Petersburg
Kingisepp
Begunitse
Tallinn
Ivangorod
Narva
stsee
RUSSLAND
ESTLAND
0 km
300
600
900 km
Riga
LETTLAND
LITAUEN
Kaunas
Smolensk
Tula
RUSSLAND
Minsk
POLEN
Orel
WEISSRUSSLAND
Warschau

Oslo
SCHWEDE
LAND
DÄNE-
MARK
Kopenhagen
Nordsee
VEREINIGTES
KÖNIGREICH
Amsterdam
NIEDER
LANDE
London
Berlin
DEUTSCHLAND
Brüssel
BELGIEN
Ärmelkanal
Prag
Trut
Luxembourg
TSCHECHISC
REPUBLIK
Paris
LUXEMBURG
München
ÖSTERRE
Bern
SCHWEIZ
FRANKREICH
SLOVENIEN
Lugano
Celje
Gorizia
Venedig
Ljubl

Helsinki
Sankt Petersburg
Stockholm
Begunize
Puschkin
Rakvere
Kohtla-Järve
Kingisepp
Tallinn
Toila
Ivangorod
Narva
Paide
ESTLAND
Pärnu
Ainaži
Kuldiga
Riga
LETTLAND
Tukums
Jurmala
Liepaja
RUSSLAND
Ostsee
LITAUEN
Klaipeda
Nida
Kaunas
Kaliningrad
RUSSLAND
Gdańsk
Elbląg
Malbork
Minsk
Torun
WEISSRUSSLAND
Konin
Warschau
Kalisz
POLEN
Wrozław
Wałbrzych
Kiev
Ostrava
perk
Zlín
UKRAINE
odonin
SLOVAKEI
Bratislava
Carnuntum
MOLDAVIEN
Budapest
Kishinev
Sopron
Szombathely
UNGARN
agreb
RUMÄNIEN
TIEN
Belgrad

4.065,5 Kilometer / 280 Tage

Durchschnitt:
15 km pro Tag, incl. Ruhetage.
Längste Tagesdistanz:
52 km
Kürzeste Tagesdistanz:
2,5 km

Der Fußweg um 850 Kilometer länger als der bei der Planung auf Karten ausgemessene.
Distanzmessungen dreifach: GPS, Schrittmesser, Zeit.

Orientierung:
Nur nach Karten, Sonne, selten Kompass. Nicht nach GPS.

Verlaufen mit Beinahe-Verlust der Orientierung:
Viermal.
Einmal bei Einbruch der Dunkelheit vor Ptuj / Slowenien, weil die neuen Schnellstraßen nicht in der Karte eingezeichnet waren.
Das zweite Mal in Csepreg / Ungarn, kurz vor der Österreichischen Grenze: "Nehmen Sie den Weg durch den Wald, der ist viel schöner. An der dritten Wegkreuzung nach der Gabelung biegen Sie links ab!"
Das dritte Mal in den Bergen vor Stramberk / Tschechien, weil alle Wege und auch die Wegmarkierungen an den Bäumen meterhoch eingeschneit waren.
Das vierte Mal im Wald vor Rychwal in Polen, wegen missverständlicher Zeichnung eines Einheimischen auf den Waldboden.

Fakten

Übernachtungen:
Immer mit Dach über dem Kopf.

Bestes Essen:
Pilze mit Kartoffelbrei bei Galina und Serghei, Begunize/Russland.

Haarschneiden:
Zwei Mal. In Kalisz/Polen und in Tallinn/Estland.

Am meisen gefehlt?
Lesen.

Bernsteinfunde am Strand:
Drei. Zwei in Polen, einer in Litauen.

Material:
Schuhverbrauch:
Ein Paar Laufschuhe vollkommen zerstört, ein Paar Halbschuhe fast durchgelaufen. Die zweite Garnitur Halb- und Laufschuhe noch einsatzfähig.

Gewicht des Rucksacks:
Zwischen 12 und 17 Kilo, je nach Jahreszeit und Wetter.

Fakten

GPS:

Zwei Geräte (eins nach Diebstahl in Riga), zur Aufzeichnung der Strecke, nicht zur Orientierung benutzt.

Fotografie:

Im Ganzen mit einem Pool von sechs Kameras, vier digitalen, und zwei analogen.

Die digitalen für verschiedene Zwecke:

Zwei in Telefonen, um Bilder in die Blogs schicken zu können. Eine kompakte Digitalkamera, und eine Vollformat-Spiegelreflex.

Die zwei analogen:

Eine Kleinbild-Messsucherkamera, und eine fürs Mittelformat.

Vier Kameras hatte ich jeweils dabei.

Computer:

Nein.

Taschenlampen:

Zwei, eine verloren (ich weiß, wo sie ist).

Gesundheitliche Probleme:

Drei Tage starke Erkältung mit Fieber in Nachod/Tschechien, zeitweise in Tschechien Schmerzen an den Außenbändern des rechten Sprunggelenkes. Beim Wechseln der Schuhe Besserung.

Erkältung bei Wintereinbruch in Sankt Petersburg.

Blasen:

Natürlich, aber unproblematisch.

Land mit der besten WIFI-Versorgung:

Estland.

Land mit der schlechtesten WIFI-Versorgung:

Italien.

Zeiten und Kilometer in Kürze

Italien
Vom 16. Dezember bis 29. Dezember 08

14 Tage

191,5 Kilometer

Slovenien
Vom 29. Dezember 08 bis 21. Januar 09

23 Tage

370 Kilometer

Ungarn
Vom 21. Januar bis 30. Januar

9 Tage

151 Kilometer

Am 1. Februar wieder in Ungarn, am 2. Februar in Österreich

Österreich
Vom 30. Januar bis 17. Februar

Am 1. Februar in Ungarn (Sopron)

18 Tage

319 Kilometer

Tschechien
Vom 17. Februar bis 30. März

41 Tage

696 Kilometer

Polen

Vom 31. März bis 10. Juni

72 Tage

890 Kilometer

Kaliningrad

Vom 11. Juni bis 17. Juni

6 Tage

150 Kilometer

Litauen

Vom 17. Juni bis 27. Juni

10 Tage

146 Kilometer

Lettland

Vom 28. Juni bis 9. August

44 Tage

525 Kilometer

Estland

Vom 10. August bis 15. September

36 Tage

475 Kilometer

Russland

Vom 15. September bis 21. September

7 Tage

152 Kilometer

Sankt Petersburg: vom 21. September bis zum 13. Oktober

22 Tage

Total: 4.065,5 **Kilometer, 280** + **22 Tage**

Markus Zohner: Die Wiederentdeckung der Bernsteinstrasse

Via Lambertenghi 9 / CH - 6900 Lugano

www.amberroad.ch

Projektleitung: Michela Cortesi

Das Projekt "Markus Zohner: Die Wiederentdeckung der Bernsteinstraße" war nur durch die Zusammenarbeit mit verschiedensten Partnern in ganz Europa möglich.

Projektpartner

Die Österreichische Bernsteinstraße,

www.bernsteinstrasse.net

Projektberatung

Richard Resch, www.regionalentwicklung.at

Projektsupport

Italien

Istituto Svizzero di Roma, Sede di Venezia

http://www.istitutosvizzero.it/

Ungarn

Dr. Janos Gömöri, Soproni Muzeum, Sopron

Österreich

Tourismusabteilung Land Burgenland

TVB Blaufränkisch-Mittelburgenland

Weinviertel Management Zistersdorf

"Verein zur Erhaltung der Römischen Bernsteinstraße" Burgenland

Tschechische Republik

Ostmährische Zentrale für Tourismus

760 00 Zlín

www.vychodni-morava.cz

Projekt

Polen

Polnisches Fremdenverkehrsamt Wien

http://www.polen.travel

Estland

Schweizerisches Generalkonsulat Tallinn

Russland

Schweizerisches Generalkonsulat Sankt Petersburg

Österreichisches Generalkonsulat Sankt Petersburg

Projektunterstützung

Città di Lugano

Sponsoring

Chicco d'Oro, Balerna, Schweiz

Fotocameras und -Objektive:

Carl Zeiss AG, Deutschland

Filmmaterial:

Foto Dinkel, München

Audio Recording:

Olympus (Schweiz)

Datenspeicher für Fotos:

Jobo AG Deutschland

Logistik:

TNT Swiss Post AG, Balerna, (Schweiz)

Ausrüstung:

Exped Expedition Equipment, Schweiz

Der Verein Österreichische Bernsteinstrasse

Seit nunmehr zehn Jahren arbeitet der Verein "Die Österreichische Bernsteinstraße" an der Verknüpfung der Kulturträger und Museen im Weinviertel und in Österreich. Die Inwertsetzung, Aufbereitung und Präsentation des kultur-touristischen Gutes entlang der Bernsteinstraße, die Entwicklung von "Betty Bernstein" als spezifisches Kinderprogramm und die internationale Vernetzung mit Initiativen entlang der historischen Bernsteinstraße stellen die Schwerpunkte dieser Aktivitäten dar.

Der benachbarte Verein zur Erhaltung der römischen Bernsteinstraße Burgenland besteht schon seit zwei Jahrzehnten und setzt ebenfalls beachtliche Initiativen zur Bekanntmachung und Aufbereitung der teilweise noch sichtbaren Trasse im Mittelburgenland und in Westungarn.

Im niederösterreichischen Weinviertel fand man Bernsteinperlen aus der Kupferzeit um 2.000 v. Chr., heute im Museum für Urgeschichte in Asparn zu sehen. Stillfried an der March war einst eine bedeutende Festung an der Bernsteinstraße. Die Zeit der Römer bildete den Höhepunkt des Bernsteinhandels.

Im Mittelalter wurden entlang der Bernsteinstraße Burgen wie Falkenstein und Staatz und mauerbewehrte Städte wie Hainburg errichtet. Der Wehrturm von Palterndorf im Weinviertel erinnert an die Deutschordensritter, die "Herren des Bernsteins" im Mittelalter.

An der Bernsteinstraße entschied sich auch das Schicksal Mitteleuropas; hier begann 1278 mit der Schlacht bei Dürnkrut und Jedenspeigen die Herrschaft der Habsburger. Prächtige Schloss- und Parkanlagen wie Schloss Hof oder das Stammschloss der Liechtenstein in Wilfersdorf zeugen von diesem historischen Kernland der Habsburgermonarchie.

Der Verein Österreichische Bernsteinstraße gründet sich auf aktuell 33 Mitglieder aus dem Weinviertel und dem östlichen Niederösterreich, es sind dies die maßgeblichen Museen, Kulturträger und historischen Städte dieser Region, aber auch der benachbarte Nationalpark Donau-Auen.

Im Rahmen des INTERREG IIIB CADSES Projektes R.O.M.E. - "Roman, ancient greek and amber routes, innovative Methodologies and measures connecting Europe" konnten insbesondere die internationalen Erfahrungsaustausche und Kooperationen vertieft und Pilotprojekte im Anwendungsbereich neuer, elektronischer Medien und pädagogischer Aufbereitung erarbeitet werden.

Verein

Die laufende Angebotsentwicklung, mit dem Leitprodukt "Betty Bernstein", die Qualifizierung der Angebote und die Netzwerkarbeit auf der österreichischen und darüber hinaus gehenden europäischen Ebene werden im Rahmen des laufenden LEADER-Projektes unterstützt.

Die Fußwanderung von Markus Zohner von Venedig nach Sankt Petersburg stellt einen Meilenstein für die Wiederentdeckung der Europäischen Bernsteinstraße dar und wurde vom Verein maßgeblich unterstützt. Im Rahmen der Projektpartnerschaft konnten insbesondere logistisches Wissen zum Verlauf der historischen Bernsteinstraße, das internationale Kontaktnetzwerk und konkrete Unterstützung bei der Durchreise durch Österreich eingebracht werden.
Vereinsobmann: 2. Landtagspräsident Land Niederösterreich Bgm Herbert Noworadsky

Geschäftsführung: Elisabeth Schiller

Projektbetreuung: Dipl. Ing. Richard Resch, regionalentwicklung.at

Mit Unterstützung von Bund, Land und Europäischer Union

LEADER

NIEDERÖSTERREICH

lebensministerium.at

"Der Weg ist der Sinn - Die Wiederentdeckung der Bernsteinstrasse" erscheint hier in Erstauflage.

Markus Zohner hat im Ganzen zwölf Länder durchwandert: Italien, Slovenien, Ungarn, Österreich, die tschechische Republik, Slowenien, Polen, die russische Enklave Kaliningrad, Litauen, Lettland, Estland und Russland. In Slowenien war er nur einen Tag lang, hat bei der Wanderung in Tschechien den Weg am linken Ufer der March gewählt, der ihn gegen Mittag über die Slowenische Grenze und am Abend wieder zurück nach Tschechien geführt hat. Dies ist der Grund, warum zwar von zwölf Ländern die Rede ist, jedoch nur elf Länder-Kapitel in diesem Buch erscheinen.

Artikel in diesem Buch sind, zum Teil in gekürzten Versionen, in folgenden Medien erschienen: Der Standard, Wien/Österreich, Giornale del Popolo, Lugano/Schweiz und AZIONE, Lugano/Schweiz sowie Rete Tre, Radio della Svizzera Italiana, Blog zu den zweiwöchentlichen Reportagen.

Das Gespräch mit dem berühmten Weltreisenden Miroslav Zigmund im südmährischen Zlín erscheint erstmals und in voller Länge.

Die Schreibweise der Ortsnamen folgt keinen starren Regeln. Wir haben die Ortsnamen weitestgehend in der Sprache des Landes aufgeführt, allerdings gibt es immer wieder Ausnahmen, wenn sie zum Verständnis, zur einfacheren Lesbarkeit oder einfach zum angenehmeren Rhythmus des Textes beitragen. So nennen wir zum Beispiel Venedig oder Sankt Petersburg beim deutschen Namen, und Gdańsk in Texten manchmal Danzig, auf Karten oder in Bildlegenden Gdańsk.

FIZZO Photo Book Film, Lugano/Schweiz
www.fizzo.ch

Dies und das

Dank

Es wäre eine Illusion zu glauben, solch ein Projekt könne von einer einzelnen Person allein durchgeführt werden.

Je nackter man in die Welt geht, desto mehr ist man auf Menschen angewiesen, draußen, in der Kälte, in der Hitze, bei Einbruch der Dunkelheit, für Übersetzung oder bei der Suche nach einer Herberge. Aber auch in der Vorbereitung, bei der Planung, und während der Durchführung waren im Hintergrund Menschen beteiligt, die mit großem Einsatz und Elan mitgewirkt haben.

Ich möchte allen Beteiligten ganz herzlich danken: Dem Team in Lugano, das die gesamte Planung und Koordination des Projektes durchgeführt und mich aus der Ferne sehr klar, verlässlich und hilfreich begleitet hat, die Logistik koordiniert, Kontakte mit Partnern in den verschiedenen Ländern hergestellt und Medien betreut hat.
Den Projektpartnern, die sowohl bereits bei der Planung, als auch bei der Durchführung hilfreich zur Seite standen.
Den Unterstützern in den einzelnen Ländern, die zum Teil sehr engagiert bei der Routenplanung geholfen, Übernachtungen geplant und Treffen organisiert haben.
Den Sponsoren, die das Projekt finanziell oder durch Material unterstützt haben.
Natürlich all den Menschen, denen ich auf auf der Strecke begegnet bin, die mich geführt haben, mir den Weg gezeigt, mit dem Fahrrad vorausgefahren sind, mich beherbergt und beschützt haben.
Und, nicht zuletzt, allen an der Kreation dieses Buches beteiligten Menschen- dem Verlag, den Grafikern, Lektoren, Korrektoren, Lithografen, die es in wunderbarer Zusammenarbeit realisiert haben - ein Buch, mit dem ich meine Dankbarkeit ausdrücken möchte für alles, was ich bekommen habe.

Umschlagfoto Ankunft an der Ostsee bei Gdańsk/Polen

Seite 4: Valtice in Tschechien

Seite 12: Entscheidung, Polen

Die Bernsteinstrasse Bild 1) Grenzmole Lettland/Estland bei Ainazi, 2) Litauen, 3) Polen, 4) Estland, 5) Bernsteinstraße Šempeter, 6) Slowenien, 7) Italien

01_Italien Bild 1) Portogruaro, Rathaus, 2) vor Stretti, 3) Chiesa della Beata Vergine del Suffragio, XVI. Jahrhundert, Palazzolo dello Stella, 4) Verabschiedung in Venedig, Istituto Svizzero di Cultura: Elisabeth Schiller, Jaqueline Wolf, Franco Schenkel, Markus Zohner, Richard Resch, 5) Venedig, 6) Daniel, 7) Trachten in Grado/Italien, 8) Mosaik der Basilika von Aquileia (Detail), 9) Italien bei San Michele del Tagliamento, 10) Lagune bei Grado, 11) Venedig, 12) Überfahrt Venedig-Altino, 13) Aquileia, römischer Hafen, im Hintergrund Basilika, 14) Aquileia, römischer Tempel, 15) Aquileia, Basilika, 16) Aquileia, Weihnachtsmesse, 17) Italien bei Stretti, 18) Daniel, 19) Superstrada SS 14, 20) Fluß Tagliamento, 21) vor Aquileia, 22) vor Stretti, 23) vor Stretti

02_Slovenien Bild 1) Rast 15 km vor Ljubljana, 2) Landstraße Slowenien, 3) Bergstraße bei Gabrije, 4) Dominikanerkloster, Ptuj, 4) Museum Celje, 6) im Laibacher Moor, 5) Bei Col, Blick ins Tal, 6) Wegweisung kurz vor Ptuj, 7) Auf dem Weg nach Litija, 8) Auf dem Weg nach Col, 9) im Laibacher Moor, 10) Ankunft in Ljubljana, 11) Ljubljana, 12) Haus in Celje, 13) Rast vor Celje, 14) Ausgrabungen der römischen Bernsteinstraße unter dem Museum von Celje, 15) Landschaft bei Zagorje ob Zavi, 16) Maisspeicher in Calce, 17) Natasa Zavolovsek, Leiterin Festival EXODOS, Ljubljana, 18) Kartenstudium und Planung, Janče, 19) Burg von Celje, 20) nach Ptuj kommen, 21) Verbindung nach Zagorje ob Savi, bei Sava, 22) Ljubljana, Innenstadt, Fluss Ljubjanska

03_Ungarn Bild 1) Forum Romanum, Sopron, 2) Hauptplatz mit Feuerturm, Sopron, 3) Zimmer im Haus des Franz Storno, 4) Landschaft, 5) Dr. Janos Gömöri auf der Bernsteinstraße bei Sopron, 6) Gleisüberquerung, Szombathely verlassend, 7) Spuren römischer Besiedelung, Sopron, 8) Teil der Bernsteinstraße mitten in Sopron, 9) Nach Szombathely, 10) Hauptplatz Szombathely, 11) Weinberge zwischen Österreich und Ungarn, nach Sopron gehend, 12) spätromanische Kirche Sankt Georg, Ják, 13) Orientierungsversuch, 14) Forum Romanum, Sopron, 15) Haus am Hauptplatz von Sopron

Seite 70/72: Begegnung in Grudjaz

Bildlegende

04_Österreich Bild 1) Frau Dr. Walpurga Antl-Weiser, Museum für Ur- und Frühgeschichte, Stillfried, 2) abendliche Ankunft in Carnuntum, 3) archäologisches Museum Carnuntum, 4) Mirjam, Klara und Gerhard Scheithauer, 5) Schloss Hof, Engelhartstetten, 6) Amphitheater Carnuntum, 7) Kriegsgräber Burgenland, 8) Marchegg, 9) Hainburg an der Donau, 10) Mag. Hans Artner vor dem Schloss Esterházy, Eisenstadt, 11) Park des Schloss Hof, Engelhartstetten, 12) Hainburg an der Donau, 13) Marchegg, 14) Bernsteistraße, südliches Burgenland, 15) Weinfelder hinter Horitschon, 16) Ölfördertürme um Zistersdorf, 17) Mag. Barbara Schuller, Hermann Nitsch Museum Mistelbach, 18) Pressekonferenz Palterndorf: Elisabeth Schiller, 2. Landtagspräsident Land Niederösterreich Bgm Herbert Noworadsky, Markus Zohner, DI Richard Resch, 19) Althöflein: Markus Zohner, Martin Bauer, 20) Café Hainburg an der Donau, 21) Burgenland, 21) Eisiger Nordwind, Burgenland, 22) Kriegsgräber bei Poysdorf, 23) Storchennester Marchegg, 24) Geschäft Marchegg, 25) Carnuntum, 26) Bruck an der Leitha, 27) Haus des reichen Römers, Carnuntum, 28) Mag. Kurt Farasin, Leiter Schloss Hof, Engelhartstetten, 29) Hermann Nitsch Museum Mistelbach, 30) Althöflein.

05_Tschechien Bild 1) Vizebürgermeisterin von Rožnov pod Radhoštěm, 2) Radfahrer, aus Uherské Hradiště kommend, 3) Pistolero in Lichkov, 4) Kapelle des heiligen Hubertus, Lednice-Valtice, 5) Štramberk, 6) Grenzübergang Österreich-Tschechien, 7) Rathaus Šumperk, 8) Inhaber der Kerzenpresserei in Rožnov pod Radhoštěm, 9) Thomaš, Pribor, 10) Schule, Chrudim, 11) Šumperk, 12) Miroslav Zigmund, Markus Zohner, Zlín.

Seite 118/119: Hooligans, Gorzyze Male

06_Polen Bild 1) Gliny, 2) Streit, Wrocław verlassend, 3) vor Konin, 4) Romek Puchowski mit Lena, Tczew, 5) Martha Hancewska, Toruń, 6) Aleksandra Cwalina, Malbork, 7) Tczew verlassend, 8) Putzfrau, Zigarettenpause, Malbork, 9) Hauptplatz Kalisz, 10) Denkmal Johannes Paul II., Kalisz, 11) Birkenwälder, in Richtung Malbork, 12) Bauer, Szyszyn, 13) Begegnung, Konin, 14) Marienburg am Fluss Nogat, Malbork, 15) ER, Starynia, 16) Wrocław, 17) Frauengasse, Gdańsk, 18) Eisverkäuferin, Gdańsk, 18) Wachturm, Museum Konzentrationslager Stutthof, Sztutowo, 19) Gaskammer, Museum Konzentrationslager Stutthof, Sztutowo, 20) Begegnung in Osno, vor Aleksandrow Kujawski

Bildgalerie Bild 1) Lastwagenfahrer auf dem Weg nach Ostrawa, 2) bei Egyházasrádóc, Ungarn, 3) Tote Tiere von Venedig nach Sankt Petersburg, 4) Garderobier und Fotograf, Museum Ostrawa, Tschechien, 14) Wałbrzych, Polen, 15) Wałbrzych, Polen, 16) Janis und Ints, Schiffkutter, Liepaia, Lettland, 17) Lettland, 18) Estland, 19) Reise, 20) Das Mädchen mit der Feder, Goszcz, Polen, 21) Renata Smutna, Vizebürgermeisterin von Strážnice und ihre Schwester Martina Muckova,

22) Lettland, 23) Ostseestrand bei Stegna, Polen, 24) Preila, kurische Nehrung, Litauen, 25) Psary bei Wrocław, 26) Ostseestrand bei Palanga, Litauen.

07_Kaliningrad Bild 1) Yantarni, Bernsteinförderung, 2) Zugang zum Strand, 3) Ostseestrand, kurische Nehrung, 4) Kaliningrad, Blick auf Hafen, 5) Poliklinikum Kaliningrad, 6) Dünen, kurische Nehrung, 7) tanzende Wälder, kurische Nehrung, 8) Kaliningrad, 9) Güterbahnhof Kaliningrad, 10) kurische Nehrung, 11) Svetlogorsk, 12) Lenin, Kaliningrad, 13) Tadeusz, Laduschkin, 14) Bushaltestelle, Kaliningrad, 15) Bank, kurische Nehrung, 16) Muromskoje, 17) alte Börse, Kaliningrad

08_Litauen Bild 1) Russisch-orthodoxe Kirche, 2) Ostseestrand, kurische Nehrung, 3) Bernsteinmarkt Palanga, 4) Jahrmarkt, Šventoi, 5) vor Liepaja, 6) Bushaltestelle, 7) Ostseestrand bei Juodkranté, kurische Nehrung, 8) Kazimieras Mizgiris, Bernsteinmuseum Nida, kurische Nehrung, 9) Bernsteinbearbeitung Klaipeda, 10) Bernsteinmarkt Palanga, Bad in der Ostsee bei Karklé.

Seite 172/173: Litauen

09_Lettland Bild 1) Ausblick beim Mittagessen, Riga, 2) durch die Schilfgürtel vor Ainazi, 3) Ostseestrand bei Ziemupe, 4) Wachmann, ehemaliges Militärgelände, Lilaste, 5) Bäuerin, Dzirciems, 6) Straße nach Kuldiga, 7) Kultur- und Wissenschaftspalast, Riga, 8) Eiche mit dem größten Umfang zumindest im Baltikum wenn nicht in Europa: über 10 Meter, bei Kabile, 9) Fischkutter, Liepaia, 10) Janis und Egons, an Deck des Fischkutters, Liepaia, 11) Frauen entkleiden sich und warten auf ihre Erschießung, 16. Dezember 1941, Dünen von Skede, 12) vor Riga, 13) Bushaltestelle, 12 km vor Riga, 14) Antons, Feuerwärter, Dzirciems, 15) Una Petersone, Riga, 16) Riga, 17) Blumenverkäuferin, Riga, 18) bei Tukums, 19) Längste Mole des Baltikums bei Liepaia, 20) Guna mit Dzery, 21) Paesziems, 22) Ostsee bei Lapmežciems, 23) Kuldiga, 24) an Ostseestrand, vor Jurmala.

10_Estland Bild 1) Katrin Melder, Pastorin, Järva-Jaani, 2) Grenzmole Lettland-Estland, 3) Klippen bei Sillamäe, 4) Lubov, Kohtla Järve, 5) Leo Peldes, Järva-Jaani, 6) Der Auerochse von Rakvere, 7) Sillamäe, 8) Lenin, Tallinn, 9) Pamela, Andrus und Axel, Öötla, 10) Burg Narva, 11) Rakvere Hauptplatz, 12) Pärnu, 13) "Wenn dies Dein Haus wäre, wärst Du jetzt zu Hause", 14) Gang in Raeküla, 15) Kühe bei Samliku.

11_Russland Bild 1) Eremitage, Sankt Petersburg, 2) Mischa, Datscha bei Begunize, 3) Begegnung bei Bol Ozertitsy: "Warum fotografierst du die Blumen da?" "Da ist einer gestorben. Damit man ihn nicht vergisst." "Fotografierst du uns auch? Damit man uns nicht vergisst?", 4) Dom Kniga,

Sankt Petersburg, 5) Gribojedowa Kanal mit der Kathedrale des vergossenen Blutes, Sankt Petersburg, 6) Natalie, Ira und Galia im Wald bei Begunize, 7) vor dem Katharinenpalast in Puschkin, 8) russisches Museum, Sankt Petersburg, 9) Ira, Natalie und Galia, 10) Blick auf die Burg von Ivangorod, 11) Gemüseverkauf an der M 11, 12) den größten Pilz gefunden!, 13) Serghei, 14) Kinder in Sankt Petersburg, 15) Puschkin-Denkmal, im Hintergrund russisches Museum, 16) im Katharinenpalast, Puschkin, 16) mit Wladimir Iljitsch Lenin, Sankt Petersburg, 17) weit ist es nicht mehr!, 18) Kathedrale des vergossenen Blutes, Sankt Petersburg, 19) Livemusik in Underground-Bar, Sankt Petersburg, 20) über Russland, 21) Kazan-Kathedrale, Sankt Petersburg, 22) vor der Kathedrale des vergossenen Blutes, Sankt Petersburg, 23) Feierabend, 24) Pressekonferenz in der Residenz des schweizerischen Generalkonsuls in Sankt Petersburg, Herrn Ernst Steinmann, 25) Deutschlehrerin und Direktorin der Schule in Begunize, 26) im Straßengraben, 27) Burg Ivangorod

Seite 218/219: nach Kabile/Lettland

Fakten Bild 1) Serghei, Fußweg in die Innenstadt von Sankt Petersburg eruierend, Begunize, Russland, 2) erster Schultag, 1. September, Järva-Jaani, Estland, 3) Lutzmannsburg, Österreich, 4) Neptunbrunnen, Gdańsk, Polen, 5) Feuerwächter Antons, Dzirciems, 6) im Burgenland/Österreich, 7) der große Remter, Marienburg, Malbork, Polen, 8) Rakvere, Estland, 9) in Lettland,

Dies und das Bild 1) Markus Zohner, Elisabeth Schiller, Richard Resch, Sankt Petersburg, Russland, 2) Nach der Pressekonferenz in Tallinn, Estland, 3) Empfang in Zistersdorf, 4) Empfang mit Presse in Uherské Hradište

lebendig Ankunft an der Ostsee in Gdańsk

lebendig

Theater und Reisen

Markus Zohner ist Schauspieler, Theaterregisseur, Fotograf und Schriftsteller und mit seiner Theatergruppe, der MARKUS ZOHNER THEATER COMPAGNIE seit 1987 weltweit auf Tournée.
Seine vielfach ausgezeichneten Inszenierungen von Theaterstücken, Opern und Epen werden an Theatern und Festivals in aller Welt präsentiert.
Er ist geboren und aufgewachsen in München und lebt seit 20 Jahren in der italienischen Schweiz.
Mit 16 Jahren reist er allein durch Europa bis nach Griechenland. Später ist er mit seiner Theatergruppe zu Gast in aller Herren Länder: Gastspielreisen führen ihn u.a. durch Nord- und Südamerika, Afrika, Europa und Asien. Mehrfache Arbeiten in und Reisen durch Zentralasien, Iran, Pakistan.
Große, mehrjährige Theaterprojekte im Baltikum, in Kasachstan und in Kosovo.
Segler, Pilot.

Informationen zur Theatertätigkeit: www.zohnertheater.ch
Fotografie: www.photography.zohner.com
Website des Projektes "Die Wiederentdeckung der Bernsteinstrasβe": www.amberroad.ch

Vor dem Bild "Der Empfang des französischen Botschafters in Venedig", Canaletto 1768

Eremitage, Sankt Petersburg

@
WIFI
WC
PÕHJAKESKUS 10-20
4,9 km